조국 오디세이

창당 선언에서 승리까지 1368시간의 기록

미디어몽구 · 박지훈 지음

조국 오디세이

창당 선언에서 승리까지 1368시간의 기록

조국 오디세이 항해 일지(연대표)

1부 – 장정의 서막(2월 13일~2월 29일)

02/13
신당 창당 선언

02/20
당원 모집 시작

02/15
'조국신당'
창당준비위원회 등록

02/16
전주 방문
첫 기자 간담회

02/14
광주 5·18 민주묘지 참배와 기자회견

이태원 참사의 진상규명과
책임과 처벌이 진정한 추모
입니다.

조국

02/22
이태원 합동분향소 참배

02/23
용산 대통령실
기자회견

02/24
'파란불꽃선대위'
공식 출범

02/25
인재영입 1호
서울시당 창당대회

02/29
조국혁신당 당명, 로고 확정

조국혁신당

2부 – 쇄빙선의 출항(3월 1일~3월 27일)

03/03
조국혁신당 중앙당 창당대회

03/14
광주 충장로 방문 연설

03/07
과학기술인 간담회

03/12
'한동훈 특검법'
발의 공표

03/15
당원 수
10만 명 돌파

03/05
이재명 더불어민주당
대표 회동

03/10
봉하마을 노무현 대통령 묘역 참배

03/04~03/06
영입인재 2~6호 인재영입식

03/21
부산 서면 거리 연설 "이제 고마 치아라 마!"

03/16
조국혁신당 비례대표
후보 20명 대국민 오디션

03/23
제주 방문해
4·3 희생자 추모

03/26
'파란불꽃펀드' 모금 시작
54분 만에 200억 원 돌파

03/18
조국혁신당
비례대표 순번 발표

03/22
대검찰정 앞
기자회견

03/24
'파란불꽃선대위'
출범식

03/27
외신기자 간담회

03/25
'검찰의 민간인 불법 사찰 고발' 기자회견

3부 - 전쟁과 승리(3월 28일~4월 10일)

04/01
'겸손은힘들다 뉴스공장',
MBC 〈뉴스외전〉 출연
성남-용인

03/28
조국혁신당 22대 총선 출정식
부산-대구-대전-서울

03/31
거제-창원-김해-부산
(김영삼 대통령 생가 방문)

04/02
조국혁신당 22대 총선 공약 발표
인천시당 창당대회

03/30
군산-익산-광주-여수(여수 충민사 참배)

03/29
'파란불꽃펀드' 참여자 감사의 만남
천안-아산-서산(아산 현충사 참배)

04/05
22대 국회의원선거 사전투표(부산 명지1동)
울산-양산-부산

04/08
김포, 군포,
위례신도시시민과 함께

04/03
제76주년 4·3 희생자 추모식 참석
서울시민과 함께(동작구)

04/06
대전, 서울,
강릉시민과 함께

04/04
여의도역 출근 인사
'사회권 선진국, 제7공화국' 기자회견
서울시민과 함께(용산구-송파구-서초구)

04/10
제22대
국회의원선거

04/07
서울시민과 함께

04/09
부산, 대구, 광주,
서울시민과 함께

총선 비례대표 투표 의향 정당 지지도 변화 추이
(자료 출처: 한국갤럽)

3월 8일

조사기간	2024년 3월 5~7일
표본추출	이동통신3사제공 무선전화 가상번호 무작위추출
응답방식	전화조사원 인터뷰(CATI)
조사대상	전국 18세이상 1,000명
표본오차	±3.1%포인트(95% 신뢰수준)
응답률	14.4% (총 통화 6,953명 중 1,000명 응답 완료)

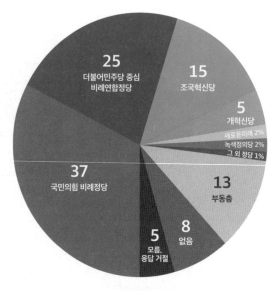

25 더불어민주당 중심 비례연합정당
15 조국혁신당
5 개혁신당
새로운미래 2%
녹색정의당 2%
그 외 정당 1%
37 국민의힘 비례정당
13 부동층
8 없음
5 모름, 응답 거절

3월 15일

조사기간	2024년 3월 12~14일
표본추출	이동통신3사제공 무선전화 가상번호 무작위추출
응답방식	전화조사원 인터뷰(CATI)
조사대상	전국 18세이상 1,002명
표본오차	±3.1%포인트(95% 신뢰수준)
응답률	14.7% (총 통화 6,829명 중 1,002명 응답 완료)

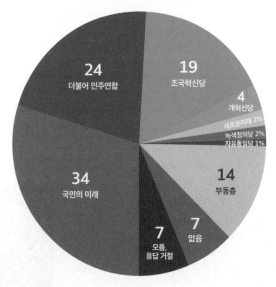

24 더불어 민주연합
19 조국혁신당
4 개혁신당
새로운미래 2%
녹색정의당 2%
자유통일당 1%
34 국민의 미래
14 부동층
7 없음
7 모름, 응답 거절

3월 22일

조사기간	2024년 3월 19~21일
표본추출	이동통신3사제공 무선전화 가상번호 무작위추출
응답방식	전화조사원 인터뷰(CATI)
조사대상	전국 18세이상 1,001명
표본오차	±3.1%포인트(95% 신뢰수준)
응답률	14.3% (총 통화 7,022명 중 1,001명 응답 완료)

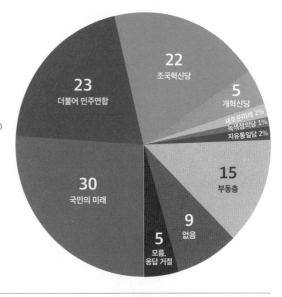

23 더불어 민주연합
22 조국혁신당
5 개혁신당
새로운미래 2%
녹색정의당 1%
자유통일당 2%
30 국민의 미래
15 부동층
5 모름, 응답 거절
9 없음

3월 29일

조사기간	2024년 3월 26~28일
표본추출	이동통신3사제공 무선전화 가상번호 무작위추출
응답방식	전화조사원 인터뷰(CATI)
조사대상	전국 18세이상 1,001명
표본오차	±3.1%포인트(95% 신뢰수준)
응답률	15.4% (총 통화 6,508명 중 1,001명 응답 완료)

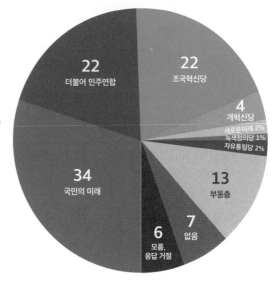

22 더불어 민주연합
22 조국혁신당
4 개혁신당
새로운미래 2%
녹색정의당 1%
자유통일당 2%
34 국민의 미래
13 부동층
6 모름, 응답 거절
7 없음

제22대 국회의원선거 결과

2024년 4월 10일 (사전투표 4월 5~6일)

조국혁신당 전국 득표 수   6,874,278명

조국혁신당 전국 득표율   24.25%

(단위: %)

인천
22.73

서울
22.87

경기
24.33

강원
20.07

충북
21.92

충남
21.08

세종
30.93

대전
23.99

경북
11.69

전북
45.53

대구
11.8

광주
47.72

전남
43.97

울산
22.17

경남
20.49

부산
22.47

제주
27.89

현장의 뜨거운 열정과
함성을 가득 담아서

지난 2월 18일 한 통의 메일을 받았습니다. 보낸 이는 메디치미디어 배소라 편집장님이었습니다. 김현종 대표님과 함께 정치인으로 첫 행보를 시작한 조국 전 장관의 활동 모습을 종군일지 스타일로 담아보려는 기획을 하고 있는데, 같이 할 수 있는 적임자로 미디어몽구를 추천받았다는 겁니다.

영상쟁이가 글을 쓴다고? 자신도 없을뿐더러 현실적으로도 불가능해 보여 답장을 하지 않았습니다. 그런데 다음 날 전화가 걸려왔습니다. 설명을 듣던 저는 어느새 책의 출간 취지에 수긍하고 있었습니다. 함께 기록할 공동 저자인 박지훈 대표님이 있다는 말에 불안감도 사라지고 말았습니다. 그렇게 조국 전 장관의 종군일지 프로젝트가 시작되었습니다.

19년여 동안 현장을 누비면서 수많은 선거 일정을 거쳐 왔지만 이번처럼 몸고생, 마음고생을 한 적은 없었던 것 같습니다. 촬영 후 영상을 편집할 시간적 여유조차 없이 다음 일정을 쫓아가야 했습니다. 이동하는 차 안에서, 기차에서 틈틈이 영상을 편집해 현장 소식을 알렸습니다.

전국을 다녀야 했는데 전날 저녁이 되어서야 다음 날 일정이 공지되었습니다. 대중교통 예약에 애를 먹었고, 시간 맞춰 현장에 도착하기 전까지는 긴장감 때문에 배고픔도 모르고 뛰어다녔습니다. 이렇게 빡빡한 일정을 소화하는 조국 대표님이 대단하다는 생각이 들었습니다.

정신없는 나날이 계속되면서 몸도 마음도 피곤함이 쌓여갔습니다. 그리고 걱정했던 대로 사건이 터졌지요. 일정을 마치고 운전을 해서 숙소로 향하던 중 어지럼증이 와서 서행을 하던 참이었는데, 그만 터널 안에서 잠시 정신을 잃어버렸던 겁니다. 옆에 타고 있던 복진오 감독님이 아니었으면 큰 사고로 이어질 뻔한 아찔한 순간이었습니다. 그날 밤 모든 일정을 취소하고 집으로 돌아와 휴식을 취했습니다.

이런 상황 속에서도 현장에서는 어느 언론보다도 더 많이 뛰면서 다양한 장면들을 보여주려 최선을 다했습니다. 지지자들의 시선으로 촬영에 임하면서 분위기를 최대치로 살려 전하려고 노력했습니다. 그게 57일간 현장을 뛴 저의 진심이었습니다. 마지막에 함께하지 못한 일주일이 못내 아쉽지만 그럼에도 이 긴 여정의 마침표를 찍고 싶어 세종문화회관 앞의 파이널 유세 현장과 총선 당일 개표 현장에 나가 살아 있는 표정과 표출하는 감정들을 카메라에 담았습니다.

제가 쓴 글이 책으로 나왔다는 사실이 믿기지가 않습니다. 독자님들께는 어떻게 읽힐지가 가장 궁금합니다. 부디 조국혁신당의 대장정을 생생히 기록한 책, 총선 승리 과정의 시작에서 마지막까지 현장의 뜨거운 열정과 함성을 가득 담아낸 책으로 평가받았으면 합니다.

끝으로 책이 나오기까지 부단히 힘써준 배소라 편집장님, 이솔림 편집자님, 그리고 제가 쓰러진 후 너무나 고생하며 마무리를 잘 지어준 공동 저자 박지훈 대표님, 현장에서 함께해준 복진오 감독님과 이명수 기자님께 고맙다는 말과 마음을 전합니다.

2024년 4월
미디어몽구

차례

1부
장정의 서막

2부
쇄빙선의 출항

3부
전쟁과 승리

1부

장정의 서막
(2024년 2월 13일~2월 29일)

2024.02.13 | 부산 민주공원 | 미디어몽구

법학자 조국, 고향 부산에서 정치인 조국의 첫발을 내딛다

조국 전 법무부 장관, 총선 관련 입장 발표

법학자 조국이 정치인 조국을 선언하는 자리

지난 5년의 시간. 아이가 태어나 육아에 전념하느라 취재 활동을 꾸준히 하지 못했다. 온라인 세상과 거리를 두고 오프라인에서 아날로그형 인간으로만 살아왔다. 아이가 크니 여유가 생겨 설 연휴가 끝나면 다시 현장으로 돌아가야겠다고 마음먹고 있었다. 그러던 중 조국 전 법무부 장관이 연휴 다음 날 총선 관련 기자회견을 한다는 기사를 보게 되었다.

그런데 장소가 부산이었다. 갈까 말까 한참을 고민하다, 첫 정치 참여를 표명하는 자리이기에 훗날 기록으로서 가치가 있겠다 싶어 가기로 결정했다. 장비 때문에 혼자 이동하기는 불편해

서울의소리 이명수 기자와 영화 〈로그북〉을 제작한 복진오 감독에게 함께 가달라고 부탁했다.

기자회견 전날 밤 부산으로 향해 새벽이 되어서야 기자회견 장소 근처에 도착했다. 정확한 장소가 특정되지 않아 오전 일찍 현장에 갔더니 서울에서 온 취재진들이 삼삼오오 모여 있었다. 지지자들이 하나둘 모여들자 산책 나온 주민들은 "무슨 일 있느냐?" 물으며 큰 관심을 보였다. 약 100여 명의 지지자들이 모였고, 만일의 상황에 대비해 사복 경찰 20여 명도 동선 체크를 하고 있었다.

현장에 있는 선관위 관계자는 지지자들에게 구호 제창을 비롯해 해서는 안 될 주의사항들을 설명해 주었다. 한 지지자가 조국 전 장관이 도착하면 "조국수호" 대신 "조국행동", "조국사랑"을 외치자고 제안해 박수를 받기도 했다.

서로가 서로를 모르는지라 현장 분위기는 차분했지만, 상기된 표정과 조국 전 장관을 지지하는 마음만큼은 하나가 되었음을 느낄 수 있었다. 기자들은 4·19 광장에 포토라인을 설치하고 조국 전 장관이 도착하길 기다리고 있었는데, 세팅을 다 해놓은 상태에서 장소를 변경한다는 공지가 떠 잘 지키고 있던 질서가 무너지기도 했다. 취재 경쟁이 뜨거웠기 때문에 가능한 일이었다. 물론 불만들도 터져 나왔다.

예정된 시간에 맞춰 조국 전 장관이 도착했다. 지지자들의

민주열사의 영령에 분향하는 조국 전 장관.

박수와 환호 속에 들어온 그는 부산 민주화운동의 상징적인 공간에서 민주열사와 애국영령에 차례차례 참배하는 시간을 가지며 기자회견 장소로 이동했다.

현장에 나온 지지자들은 조국 전 장관을 뒤따르며 환호했다. 하지만 분향과 헌화를 시작하자 분위기는 금방 숙연해졌다. 이때 보니까 가장 바쁜 사람은 선관위 관계자였다. 구석에서 지지자들의 행동과 구호 하나하나를 누군가에게 전화로 실시간 보고하며 불법인지 아닌지를 묻고 있었다.

정치 참여의 첫발을 내딛는 조국의 결의와 포효

참배를 끝내고 기자회견 장소로 이동한 조국 전 장관은 수많은 취재진 앞에 섰다. 현장 분위기를 조금이라도 놓치지 않고 싶어 주변을 계속 돌며 다양한 장면을 촬영했다.

기자들 앞에서 입장 발표를 하는 조국 전 장관의 모습을 보며 절로 든 생각이 있다. 호흡마저 끊기며 살아온 지난날을 이겨내고 지금 이곳에 서 있는 것 자체만으로 조국 전 장관은 이미 승리했다고….

조국을 위해 조국을 버렸던 시간을 지나, 정치의 길로 첫발을 내딛는 그의 결의와 포효 가득한 발언들. 이때 기자들을 놀라게 한 일이 있었다. 한동훈 위원장에 대한 질문이 들어오자 자신의 질문에 먼저 답하라며 되려 역공을 펼친 것이다. 이날 조국 전 장관의 송곳 질문은 전체 언론에서 앞다투어 보도되며 속 시원한 화제의 영상으로 많은 국민에게 회자되었다.

조국 전 장관이 한동훈 위원장에게 던진 네 가지 질문의 내용은 다음과 같다.

첫째, 한동훈 위원장은 본인의 휴대폰 비밀번호부터 공개하시라.

둘째, 고발사주 의혹으로 그 문제의 고발장이 접수되기 하루 전 당시 손준성 등과의 단체 카톡방에 60개의 사진을 올렸다. 그 60개의 사진 내용이 무엇인지 밝혀라.

셋째, 한동훈 위원장은 문제의 손준성 검사를 징계하기는커녕 검사의 꽃이라는 검사장으로 승진시켰다. 손준성 검사를 왜 검사장으로 승진시켰는지 답해달라.

조국 전 장관이 민주항쟁기념관 앞에서 입장 발표를 하고 있다.

취재진들의 질문을 받는 조국 전 장관.
이날 한동훈 위원장을 향한 송곳 질문으로 화제가 되었다.

넷째, 한동훈 위원장은 검사 시절부터 김건희 씨와 수백
통의 카톡을 한 것으로 알고 있다. 그래서 그런지 모르겠지
만 도이치모터스 주가 조작 사건, 디올백 수령 사건에 대해
서 왜 입장을 제대로 표시하지 않고 있나. 수사가 필요 없는
것인가? 이에 답을 하시고 난 뒤에 저에게 질문하셨으면 좋
겠다.

여기서 다들 예감했을 것이다. 조국의 역할이 이런 것이구나.

첫 정치인의 타이틀을 달고 발표했던 신당 창당 선언문을
소개한다.

조국신당
창당 선언문
(2024. 02. 13)

국민 여러분 조국입니다.

떨리는 마음으로 새로운 정당을 만들겠다는 뜻을 국민들께 밝힙니다. 혼자서는 엄두도 내지 못할 결정이었지만 손을 잡아주신 시민들이 계셨기에 이 자리에 섰습니다.

대한민국은 지금 외교, 안보, 경제 등 모든 분야에서 위기에 처해 있습니다. 위기를 극복하고 다시 도약하느냐 이대로 주저앉느냐 하는 기로에 서 있습니다. 초저출생과 고령화로 인한 국가 소멸 위기는 눈앞에 닥친 현실입니다. 국민은 저성장과 양극화에 신음하고 있고 자영업자와 서민의 삶은 낭떠러지로 내몰리고 있습니다.

우리가 힘들게 관리해 온 한반도 평화가 위협받고 있습니다. 해외 투자자들은 한반도에서의 전쟁을 우려하여 투자를 회피하고 있습니다. 급변하는 산업 생태계와 기후 변화의 위기에 선제적으로 대응하지 못한다면 대한민국은 생존을 걱정해야 합니다.

윤석열 정부는 어디에서 무엇을 하고 있습니까? 답답하다 못해 숨이 막힙니다. 정부 스스로 우리 평화를 위협하고 과학기술 경쟁력을 저하시키고 있습니다. 비판하는 언론을 통제하고, 정적 제거와 정치혐오만 부추기는 검찰독재정치, 민생을 외면하는 무능한 정권을 심판해야 합니다.

4월 10일은 무도하고 무능한 윤석열 정권 심판뿐만 아니라 복합 위기에 직면한 대한민국을 다시 일으켜 세우는 계기가 되어야 합니다. 완전히 다른 대한민국을 만들기 위해 시민들과 함께 행동하고자 합니다.

지역갈등, 세대갈등, 남녀갈등을 조장하고 이용하는 정치, 국가적 위기는 외면한 채 오직 선거 유불리만 생각하는 정치는 이제 끝장내야 합니다. 무능한 검찰독재정권 종식을 위해 맨 앞에서 싸우겠습니다. 인기에 연연하지 않고 국가 위기를 극복할 대안을 한발 앞서 제시하는 정당을 만들겠습니다. 갈등을 이용하는 정치가 아니라 갈등을 조정하고 문제를 해결하는 정당을 만들겠습니다. 대한민국의 변화를 이끌어 내는 강소정당으로 자리매김하겠습니다.

저의 힘은 미약하지만 국민들과 함께 큰 돌을 들겠습니다. 그 길에 함께해 주시면 반드시 해내겠습니다. 많은 참여와 응원 부탁드립니다. 감사합니다.

2024.02.14 | 국립 5·18 민주묘지 | 미디어몽구

스러지지 않는 5·18 정신으로
검찰독재에 맞서겠다

조국 전 장관, 광주 방문

하늘에 있는 민주열사들에게 바치는 굳은 다짐

부산에서 신당 창당을 선언하며 국민의 이목을 집중시켰던 조국 전 장관이 다음 일정으로 국립 5·18 민주묘지를 방문하겠다고 예고했다. 국립 5·18 민주묘지는 1980년 광주 민중항쟁의 희생자인 오월의 영령들과 고 이한열 열사를 비롯한 민주열사들이 잠들어 있는 곳이다. 나는 바닷가 구경을 할 새도 없이 부랴부랴 빛고을로 불리는 광주로 향했다.

광주에는 비가 내리고 있었다. 동에 번쩍 서에 번쩍 전국 일정을 소화하다 보니 날씨를 예상치 못해 카메라가 비를 맞으면 어쩌나 걱정이 앞섰다. 촬영을 업으로 삼는 이들은 자신보다 장

비를 더 소중히 여기기 때문이다. 하지만 조국 전 장관의 광주 방문이라는 의미 있는 장면을 놓칠 수는 없었다.

현장에는 취재진 몇 팀이 도착해 있었고, 관리자도 방명록을 들고 준비 중이었다. 조국 전 장관이 도착할 때쯤 되니 지지자들이 점점 모여들었다. 그렇지만 부산에서의 힘찬 분위기와 달리 경건하고 엄숙한 분위기가 계속되었다. 장소가 장소인 만큼 모두 예를 갖추고 있던 것이다.

조국 전 장관이 도착해 지지자들과 목례로 간단히 인사를 나누고 "스러지지 않는 5·18 정신으로 검찰독재에 맞서서 대한민국의 민주주의를 지키겠습니다"라고 방명록을 작성했다. 그 후 분향과 헌화를 위해 5·18 민중항쟁추모탑 앞으로 이동했다. 민주묘지에는 5·18 민중항쟁을 상징하는 민중가요 〈임을 위한 행진곡〉이 비장한 분위기 속에 울려 퍼지고 있었다.

분향을 마친 조국 전 장관은 제1묘역에 잠들어 있는 박관현 열사의 묘비 앞에 섰다. 고 박관현 열사는 5·18 당시 도청 앞 집회를 주도한 혐의로 5년형을 선고받고 광주교도소에 수감돼 단식투쟁을 벌이다 1982년 10월 안타깝게 희생되었다.

조국 전 장관이 비에 젖은 박관현 열사의 묘비를 닦기 시작했다. 정치인이 5·18 민주묘지를 방문해 비석을 닦는 모습은 수없이 봤지만, 그 손길이 특히 더 꼼꼼하고 정성스러워 인상에 깊이 남았다. 박 열사의 누나 박행순 씨는 하늘에 있는 동생을 향해

장대비를 뚫고 국립 5·18 민주묘지를 찾은 조국 전 장관.

조국 전 장관이 5·18 민중항쟁추모탑 앞에서 묵념하고 있다.

비에 젖은 박관현 열사의 묘비를 정성스레 닦는 조국 전 장관.

"조 전 장관에게 힘을 달라"고 말해 모두를 울컥하게 만들었다.

제1묘역 참배를 마치고 제2묘역으로 향한 조국 전 장관은 정동년 전 5·18기념재단 이사장 묘비 앞에 섰다. 고 정동년 선생은 평생을 민주화운동을 위해 헌신한 인물이다. 그는 다시 한번 정성스러운 손길로 묘비를 닦았다. 그때 정 선생의 부인 이명자 씨가 세상을 떠난 남편을 향해 "힘든 시기를 보낸 조국 전 장관에게 힘을 실어달라"고 말하며 눈물을 흘렸다. 눈시울이 붉어진 조 전 장관이 이명자 씨를 말없이 안아주며 위로를 건넸다.

그 모습을 보며 참아보려 애썼던 내 두 눈에도 눈물이 고이기 시작했고, 빗물을 닦는 척하며 서둘러 눈물을 훔쳤다.

희생자 가족들의 응원과 위로를 양분 삼아

빗줄기가 굵어져 장대비가 쏟아지기 시작했다. 궂은 상황에서도 조 전 장관은 이한열 열사를 비롯한 민주열사들이 잠들어 있는 구 묘역으로 참배를 이어갔다. 그의 뒤를 따르던 시민들은 보통 제1묘역만 참배하고 돌아갔던 다른 정치인들과 달리 묘역을 빠짐없이 방문한 조 전 장관의 모습에서 진정성이 느껴진다고 말했다.

구 묘역의 들머리에는 전두환 비석이 땅에 박혀 있다. 전두환 비석은 그가 대통령에 재임 중일 때 전남 담양군 방문 기념으로 세운 것인데, 1989년 광주·전남 민주동지회가 그것을 부순 후 일부를 땅에 묻어 사람들이 밟고 지나가도록 했다. 조국 전 장관도 두 발로 힘을 주어 전두환 비석을 밟고 나서야 기자회견 장소로 이동했다.

조국 전 장관은 기자회견장에서 '광주시민께 드리는 글'을 통해 '조국신당'의 창당 목표가 윤석열 정권 종식임을 강조했다. 지금까지는 세상을 대하는 태도가 추상적이고 막연했지만, 이제는 달라졌다고 말했다. 결연에 가득 찬 그 눈빛에 변화가 느껴졌다. '조국의 사람'이라는 이유로 멸문지화 수준의 심판대에 올랐던 가족과 주변인들을 언급하며 감정이 북받쳐 오르는 듯 한동안 말을 잇지 못하기도 했다.

이날 5·18 민주묘지에서 희생자 가족들에게 받은 응원과 위

비를 맞으며 '광주시민께 드리는 글'을 읽는 조국 전 장관.

로는 그 의미가 남달랐으리라. 예전의 조국으로 돌아갈 다리를 불살랐다고 말한 조국. 배수의 진을 치고, 낡고 썩은 것들과 싸워 나갈 그의 모습이 기대된다.

　기자회견 현장에는 한 엄마와 아들이 있었다. 조국 전 장관 과 사진을 찍고 싶어 안절부절하는 모습에 안 되겠다 싶어 내가 대신 조국 전 장관을 향해 외쳤다. "장관님, 여기 학생이 사진 찍 고 싶어 합니다." 덕분에 그 학생은 조국 전 장관과 단독 사진을 찍는 특권을 얻을 수 있었다. 옆에 있던 엄마는 평생 잊지 못할 추억을 선물 받았다며 연신 고마워했다. 잘한 일인 것 같아 후일 담으로 남긴다.

광주시민께
드리는 글

(2024. 02. 14)

존경하는 광주시민 여러분, 반갑습니다. 조국입니다.

어제 오후 늦게 광주에 도착해서 많은 시민분들을 뵙고 인사드렸습니다. 좋은 말씀들 듣고 나눴습니다. 충분치 않은 시간이었지만 그만큼 밀도 높은 이야기들이 오고 갔습니다. 따뜻한 격려와 지혜로운 조언 감사드립니다.

오늘 망월묘역을 찾아, 먼저 가신 분들께 인사를 올렸습니다. 망월묘역은 이전에도 여러 차례 찾아뵈었습니다만, 그때의 마음과 오늘의 마음이 조금은 다른 것도 사실입니다.

5·18 항쟁, 광주의 역사는 제 삶의 가장 중요한 이정표 중 하나입니다. 그 역사가 오늘 아침 저에게 조금은 다르게 다가옵니다. 무척 무겁게 느껴집니다.

'40여 년이 흘렀지만 5·18 항쟁은 여전히 진행 중이구나'라는 생각을 합니다. 광주시민들께서 끝내 불사르고자 했던 낡고 썩은 것들이 모양만 바꿔 다시 활개치고 있다는 점을 처절하게 느낍니다. 그래서 여기 5·18 묘역이 품고 있는 이야기들이 지나간 역사가 아니라 진행 중인 현재라는 점을 뼈저리게 느끼고 있습니다.

또 하나는, 광주시민들께서 40년을 훌쩍 넘는 세월 동안 겪은 고통의 깊이, 분노의 크기가 훨씬 더 절절하게 다가옵니다. 그동안 세상을 대하는 저의 의지는 추상적이고 막연했습니다. 지금은 달라졌습니다. 저와 제 가족, 함께했던 주변 분들이 죽음 같은 수사의 대상이 되면서 뒤늦게 그 고통과 분노를 피부로, 몸으로 이해하게 되었습니다.

여기 묘역에 누워계신 분들, 그리고 살아남아 40여 년 동안 항쟁의 정신을 이어오고 계신 광주시민들의 고통과 분노, 좋은 세상을 바라는 열망을 온몸으로 느낍니다. 이곳 광주시민을 생각하며, 저와 제 가족이 겪은 고통을 다시금 떠올렸습니다. 어쩌면 위로를 받았을지도 모르겠습니다. 죄송합니다, 감사합니다.

여기 망월묘역에 계신, 먼저 가신 분들을 생각하면서 고통과 분노조차도 좋은 세상을 위한 열망의 에너지로 바꿔야겠다는 용기를 한 번 더 낼 수 있었습니다. 마침내 이 자리에서, 감히 이렇게 말씀드립니다.

존경하는 광주시민 여러분, 저는 오늘 예전의 조국으로 돌아갈 다리를 불살랐습니다. 예전의 대한민국으로 후퇴하는 낡은 세력, 나쁜 집단에 맞서 싸우겠다고 광주시민 여러분께 분명하게 말씀드립니다. 광주시민의 정의로운 열망을 가슴에 품겠습니다.

그렇습니다. 무도하고 무능한 검찰독재정권과의 싸움에 맨 앞에 서겠습니다. 윤석열 정권을 하루라도 빨리 종식시키는 것이 국리민복의 길입니다.

광주시민, 대한민국 주권자 앞에서는 한없이 낮추고, 광주시민, 대한민국 주권자를 유린하는 세력에게는 한 치도 타협하지 않고 싸우겠습니다. 오늘 이곳, 광주에서 약속드립니다.

감사합니다.

2024.02.16 | 전북도회의 기자실 | 박지훈

민주당보다 더 빠르게,
더 강하게 맞서 싸울 정당

본격 총선 행보의 시작, 전주 방문

왜 지금 '조국신당'이어야만 하는가

2월 15일 가칭 '조국신당' 창당준비위원회가 출범했다. 서울 동작구 '아트나인'에서 열린 이 행사에서 조국 전 장관은 세 명의 공동창당준비위원장과 함께 인재영입위원장 직에 선임됐다. 조국 인재영입위원장은 당일 대전 현충원을 찾아 홍범도 장군 묘역과 고 채수근 상병 묘역을 참배했다.

이후 곧바로 전주로 이동한 조 위원장은 16일 이른 아침부터 여러 언론과 인터뷰를 진행하며 정치인으로서의 행보를 본격 시작했다. 오전에는 전북CBS 인터뷰와 기자 간담회를 가졌고, 오후에는 동학농민혁명의 주요 장소인 녹두관에 방문해 전주

MBC와 인터뷰했다. 온종일 방문 일정과 인터뷰를 소화해야 하는 날이었다.

이어서 다시 전북도의회 기자실에서 기자 간담회를 진행했다. 창당 선언 이후 조국 대표의 첫 기자 간담회였다.

이날 조국 위원장은 창당을 결심한 이유를 묻는 기자의 질문에 "정치 참여 문제는 오랫동안 고민해 왔다"면서, 윤석열 정권이 앞으로 3년 이상 더 이어질 경우 "대한민국의 뿌리가 뽑힐 것"이기 때문이라고 답했다. 민생경제, 남북 문제, 안보 문제 등 모든 면에서 대한민국이 어떻게 될지 크게 우려되었다는 것이다.

"현재 통상적, 정치적, 법적 절차에 따르자면 3년 반 뒤에야 윤석열 정권을 바꿀 수 있겠죠. 그러나 저는 3년 반의 기간이 너무 길게 느껴집니다. 3년 반을 그냥 기다렸다가, 대선에서 투표를 하는 방식으로 현재 상황을 교체하는 것이 타당하지 않다고 생각했습니다."

조국 위원장은 윤석열 정권을 조기에 종식시키기 위해 민주당과는 다른 방식으로, 더 빠르게, 더 강하게 움직일 정당이 필요하다고 판단했다. 그래서 신당 창당을 결심한 것이다.

이 기자 간담회가 열린 2월을 기준으로 윤석열 대통령의 임기는 3년 3개월가량 남아 있었고, 차기 대선 시점은 3년 1개월 정도 뒤였다. 그럼에도 조국 대표가 반복적으로 '3년 반'을 거론한 것은 그가 창당 시점보다 적어도 3~5개월 전인 2023년 가을

전북도회의 기자실에서 질문에 답하고 있는 조국 위원장.
창당 선언 후 첫 기자 간담회가 이날 전주에서 열렸다.

부터 현실정치 참여를 결심하고 있었음을 짐작하게 한다. 그가
2024년 2월에야 창당 선언을 한 이유는 본인의 항소심 선고 시
점(2월 8일) 때문이었던 것으로 보인다.

다음으로, 4월 총선에서의 목표를 묻는 기자에게는 강소정
당으로서 '원내 3당'이 목표라고 답했다. 또 당시 유력한 '원내
3당 후보'로 주목받고 있던 이준석의 개혁신당은 상반되는 노선
이 뒤섞인 모호한 정당이라는 것을 지적하면서, 조국신당은 가
치와 노선이 단일화되어 있음을 강조했다. 국민들에게는 '어떤
3당이 윤석열 정권 조기종식에 필요한 정당인가'를 호소하며 지
지를 구할 것이라고 했다.

조국신당과 민주당 사이의 역할 분담에 대한 구상도 밝혔

다. 민주당은 집권 정당으로서 진보적 가치 외에도 중도층에 대한 배려를 고려해야 하는 반면, 신당의 목적은 중도층을 우선시하는 것이 아니라면서 집권 정당이 아닌 제3의 정당으로 "민주당보다 더 잘 싸우고 더 앞서 싸우고 더 빨리 움직이는" 모습을 보이겠다고 강력히 선언했다.

이에 "제3 정당이 '캐스팅 보트'라고 하지만 색깔 없는 '민주당 2중대'가 될 수 있는 것 아니냐"는 질문이 제기됐다. 조 위원장은 "민주당은 역할 범위가 넓은 반면 조국신당은 노선과 가치가 너무나 선명하기 때문에 색깔이 없을 수 없다"면서, 양당 사이에서 경우에 따라 다른 정당과 손을 잡는 '캐스팅 보트'를 할 가능성은 전혀 없다고 단언했다.

또한 국회에서 개혁 법안을 통과시킬 때 양대 정당이 아닌 정당이 반드시 필요하다면서 그 근거로 한 가지 사례를 제시했다. 2022년 4월, '검수완박' 법률 통과를 위해 더불어민주당 민형배 의원이 탈당 후 무소속 의원으로 안건조정위에 참여하는 무리수를 써야 했던 사례를 언급한 것이다. 당시 국민의힘 측은 헌법재판소에 권한쟁의를 신청하고 국회법 개정안을 제출하는 등 극렬한 반발을 보였다. 개혁 입법을 추진하기 위해 또다시 민주당 의원 탈당이라는 무리수를 반복하기는 어렵다. 그런 경우에 민주당을 돕는 제3 정당으로서 조국신당이 꼭 필요하다는 의미다.

이날 조 위원장은 부산 출신으로 '서울 사람'이 아닌 '지역 사람'이라는 강한 자의식을 가지고 있다면서, 지방분권에 대해 오랜 관심을 가지고 있었다고 소개했다. 문재인 정부 시절 개헌안을 책임졌을 때 헌법 개정안에 '지방분권 공화국' 명문화를 추진했었다는 사실도 밝혔다. 헌법에 지방분권이 명문화되어 있어야 각종 법률에서 지방분권적 선택이 가능하다는 것이다. 조 위원장은 지방분권을 추가한 개헌 이후로 급속히 지방분권이 진행된 프랑스의 사례를 그 근거로 제시했다.

검찰, 재판, 그리고 한동훈을 향한 날카로운 일갈

총선을 앞두고 검찰이 전 정권을 수사하고 있는 것에 대한 질문도 들어왔다. 조 위원장은 "검찰이 선거운동을 하고 있다"며 "자신들의 '주군'과 '중전마마'에게 아부하고 있다"고 단호하게 일갈했다. 검찰은 김건희의 도이치모터스 재판 관련 의견서에 김건희 모녀가 23억의 수익을 얻었다고 적시해 놓고도 김건희를 소환조차 하지 않았다. 디올백 수수 관련으로도 수사하지 않았다. 그러면서 문재인 대통령 가족을 대상으로는 필요 이상으로 강한 수사를 벌이고 김혜경 여사의 10만 원 법인카드 사건을 기소했다. 조 위원장은 이 점을 강하게 지적하며 "총선을 앞두고 전직 대통령 부인, 야당 대표 부인을 수사하는 것은 무도하기 이루 말할 수 없다"고 평가했다.

기자 간담회 마지막에는 "항소심에서 징역 2년형을 받은 상태다. 상고심에서 다른 결과를 자신하느냐"는 도발적인 질문도 들어왔다. 이에 조국 위원장은 "자신 못하죠"라고 전제하고, 재판 결과에는 당연히 존중하고 승복할 것이지만 사실관계 파악과 법리 적용 등 재판의 내용에 동의하지 못했기 때문에 상고를 했다고 설명했다. 특히 민정수석 당시의 직권남용 혐의와 딸의 장학금이 김영란법을 위반한 것이라는 판단에 이의가 있음을 확실히 했다. 또 항소와 상고는 평범한 시민들의 기본적 권리라면서 기자들도 마찬가지 아니냐고 반문했다. 자신의 재판에 대한 이런 공개적 토로는 정치 선언 이전에는 전혀 없었던 일이다.

한편 이날 기자의 질문에 답변하는 과정에서 한동훈 국민의힘 비상대책위원장의 허위 주장에 대한 팩트체크도 이뤄졌다. 총선 기간 내내 이어진 '한동훈 때리기'의 시작이었다.

조국신당 창당 선언이 있었던 2월 13일, 한동훈 위원장은 "준연동형 선거제는 조국 씨가 뒷문으로 우회해 (국회의원) 배지를 달 수 있는 제도"라면서 "병립형 제도에서는 국회의원 배지를 달 수 없다"고 주장했다. 그는 또 "준연동형 산식"을 거론하고 "왜 3%인지 모르겠다"라고 말하면서 '3%룰'이 준연동제에만 해당되는 것처럼 말했다.

이런 한동훈의 주장은 사실과 전혀 다르다. 조국 위원장은 한동훈의 주장을 두고 "너무 이상한 말"이라고 일갈하고, "병립형이든 준연동형이든 비례대표 3%를 얻으면 국회의원이 된다"

고 사실관계를 설명했다. 실제로 선거법이 병립형과 준연동형 중 어느 쪽이든 3%룰은 동일하다. 양쪽 모두 3% 이상 득표하면 국회의원이 될 수 있다. 한동훈은 여당의 당 대표 자리에 앉아 총선을 직접 지휘하는 상황이면서 선거법의 가장 기본적인 내용조차 모르고 엉터리 주장을 한 것이다. 이런 사실은 오마이뉴스 등에서 팩트체크 기사가 나오기도 했다.

그럼에도 한동훈은 며칠 후인 19일에 또다시 "조 전 장관이 병립형으로 3%를 어떻게 넘나"라고 발언하며 여전히 선거법을 이해하지 못하고 있음을 보여줬다. 그런데 바로 그날 아침 발표된 여론조사꽃 조사 결과에서 조국신당은 10.0%(전화면접 방식)와 13.6%(ARS 방식)을 기록했고, 이어 다음 날 미디어토마토 조사 결과에서도 9.4%를 기록해 여론조사 첫 주부터 안정적인 10% 전후의 지지율을 얻었다. 발언 당일에 이미 웃음거리가 될 허세였던 셈이다.

이날 이후 '조국혁신당'은 지지율 조사가 있을 때마다 매번 신기록을 세우며 파죽지세를 이어나갔고, 총선 전 마지막 여론조사에서는 국민의힘 지지율과 엎치락뒤치락하는 수준까지 치고 올라가면서 "조국이 3%를 어떻게 넘나"라고 말하던 한동훈과 국민의힘을 위기에 몰아넣었다.

4월 3일 발표된 전화면접 방식 여론조사(연합뉴스-매트릭스)에서는 25%로 '국민의미래'의 24%를 넘어 단독 1위를 차지했고,

그 이틀 전인 4월 1일에 발표된 ARS 방식 여론조사(에너지경제신문-리얼미터)에서는 29.5%로 '국민의미래'의 30.2%와 불과 0.7% 차이였다. 2020년 21대 총선에서 미래한국당(국민의힘 전신인 미래통합당의 위성정당)이 차지한 비율은 40.4%였는데, 갑자기 나타난 조국혁신당이 중도층 지지율을 대량으로 가져가면서 국민의힘의 기대 의석수가 크게 줄어든 것이다.

그리고 바로 이날부터 한동훈은 총선 기간 내내 자신의 허점을 파고드는 '조국의 저주'와 마주하게 됐다.

녹두관에서 풍남광장까지, 민주주의의 뿌리를 되짚는 길

기자회견이 끝난 오후, 조국 위원장은 전주시의 역사적 현장인 녹두관과 풍남광장을 찾았다.

'전주 동학농민혁명 녹두관'은 동학농민혁명 당시 동학군을 지도했던 한 무명 지도자의 유골을 안치한 곳이다. 이 유골이 전주로 들어오기까지 적지 않은 세월이 걸렸다. 진도에서 일본군에 처형된 후 인종 연구 목적으로 일본으로 옮겨져 홋카이도대학교에 보관 중이었기 때문이다. 전주시는 2019년에 유골을 이곳으로 봉환해 안치하면서 기념관인 녹두관을 함께 조성했다. 녹두관이 위치한 완산칠봉은 동학혁명의 주요 격전지 중 한 곳이기도 하다.

조국 위원장은 녹두관을 찾은 이유에 대해 윤석열과 김건희가 왕

'전주 동학농민혁명 녹두관'을 둘러보는 조국 위원장.

과 왕비 노릇을 하고 있는 한국의 정치 상황에서 "'민(民)이 주인'이라는 동학의 정신이 현대 우리 민주주의의 뿌리일 수 있다"는 생각을 했다고 밝혔다. 그는 녹두관 방명록에 "'전주 동학농민혁명 녹두관'이 전국에 널리 알려지길 소망합니다"라고 남기기도 했다.

녹두관을 둘러본 조국 위원장은 전주의 여러 인사와 함께 역사적인 길을 걷기 시작했다. 동학군 김개남 장군과 수많은 천주교 신도들이 처형됐던 초록바위를 거쳐, 1km 남짓 떨어진 풍남광장까지 이어지는 길이었다. 풍남광장은 동학군이 점령했던 전주성의 남문인 풍남문 옆에 조성된 광장으로, 전주 지역 내 집회 등 주요 행사들이 열리는 장소다. 이곳에는 이태원 참사 분향소와 세월호 분향소가 운영되고 있어 조국 위원장은 두 곳에 들러 분향하면서 이날 순행을 마무리했다. 걷는 곳마다 많은 시민들이 다가와 응원의 마음을 전했다.

대한민국은 아직 사회권 선진국이 아니다

순행 이후 다시 언론 인터뷰가 이어졌다. 이번엔 전주MBC의 유튜브 프로그램 '정치킨' 인터뷰였다. 정치 참여를 결심하기까지의 과정을 묻는 질문이 또다시 들어왔다. 조 위원장은 민정수석직을 마무리하던 당시 국회의원으로 출마하라는 권유를 많이 받았다며, 법무부 장관으로 간 것은 정치를 하지 않으려는 목적이었다고 밝혔다. 하지만 이후 검찰 수사로 인해 가족의 비극을 겪고, 윤석열 정권과 그 옆에 있는 검찰의 행태로 대한민국의 모든 가치가 무너져 가는 모습을 보며 고민이 많았다고 했다. 결국 수많은 비난과 조롱을 감수하더라도 이 정권을 조기종식시키는 데 역할을 하기로 결심했다고 말했다.

윤석열 정권을 종식한 뒤, 그다음 목표로 삼을 과제로는 '사회권' 보장을 들었다. 주거권과 일자리, 비정규직 임금, 노인 복지, 저출산 등의 문제에 국가가 먼저 나서서 국민의 권리를 보장하는 '사회권 선진국'으로 나아가야 한다는 것이다. 정치적 민주화 이후 우리나라의 자유권은 고도로 발전되어 왔지만 사회권은 여전히 미흡하다고 지적했다.

다음으로 윤석열 검찰총장 임명 당시 찬성 혹은 반대했는지에 대한 질문이 들어왔다. 이에 대해서는 자신은 보안 서약을 했기 때문에 답을 할 수 없지만, 노영민 비서실장과 최강욱 의원 등이 일부 상황을 공개한 바 있다고 소개하고 그 두 사람이 밝힌 내용에 한해서만 답변했다. 임명 전의 윤석열 후보는 다른 어떤 후보보다 검찰개혁에 앞장서겠다고 맹세를 했다고 한다. 구체적으로는 공수처 찬성, 검찰의 수사지휘 폐지, 수사와 기소 분리 등을 약속했고, 그로 인해 당시 상당한 대중적 인기를 끌었다. 그랬던 윤석열이 총장이 되자마자 자신의 모든 맹세를 뒤집었다고 했다. 더 자세한 내용은 보안 서약 때문에 시간이 흐른 후 회고록에 쓸 수밖에 없다고 밝혔다.

　한편 지역 발전에 관한 질문에는 단호한 태도를 보였다. 국민의힘이 김포 등 인접 도시들을 서울에 편입하는 사례를 거론하면서 전국의 지역 주민들은 그런 '서울공화국' 시도를 용납해서는 안 된다고 강조했다. 공기업과 국가기관들을 강제로라도 지역으로 이전해야 한다며, 시민들이 직접 방문할 일이 없는 대법원, 헌법재판소, 대검찰청 등은 얼마든지 지역으로 옮길 수 있다는 아이디어도 제시했다.

　이 인터뷰에서는 난처한 내용 두 가지 중에 하나를 선택해야 하는 재치 있는 '밸런스 게임'도 등장했다. 먼저 '주가 조작한 여자'와 '학력 위조한 여자' 중에서 누구와 결혼할 것인지 묻자, "독신으로 살겠다"고 답했다. 이어 '좋아하는 일을 한동훈과 함께 하기'와 '싫어하는 일을 최강욱과 함께 하기' 중에서 하나를 고르라고 하자, "당연히 두 번째"라고 즉답했다. "아무리 싫어하는 일도 최강욱과 같이 하면 좋아하는 일로 만들 수 있겠지만 아무리 좋아하는 일도 한동훈과 같이 하면 싫어질 것 같다. 사람이 중요하다"라고 부연했다.

전주MBC 유튜브 '정치킨'에 출연한 조국 위원장.
이날 조 위원장은 정치 참여를 결심한 이유를 허심탄회하게 밝히고
윤석열 정권 조기종식을 향한 투지를 보여주었다.

조국 신당의 핵심 메시지 "남은 3년 너무 길다"

조국혁신당의 핵심 슬로건 '3년은 너무 길다'의 첫 시작.

'3년은 너무 길다' 슬로건의 탄생

(2024. 02. 19)

2월 19일 '겸손은힘들다 뉴스공장'에 출연한 조국 위원장은 인터뷰 말미에서 '윤석열 정권 조기종식'의 취지를 설명했다. 윤석열 정권의 교체를 위해 3년을 더 기다리는 것에 대해 이의를 제기하면서 "3년의 시간을 앞당기는 것이 국민의 민복과 민주공화국의 가치를 위해 필요하다"고 강력히 선언했다.

이어 중도층까지 챙겨야 하는 민주당은 수권 정당으로서 '조기종식'을 주장하기 힘들 것이라며, 그럼에도 3년이라는 시간은 너무 길다고, "한마디로 요약하면 '3년은 너무 길다'"라고 정의했다. 이후 4월 10일까지 총선판을 뒤흔들 조국혁신당의 슬로건, '3년은 너무 길다'가 탄생한 순간이었다.

2024.02.22 | 서울광장 분향소 | 미디어몽구

정부의 역할과 책임을 묻다

이태원 참사 합동분향소 방문과 입장문 발표

쓸쓸하고 외로운 분향소를 찾은 조국 전 장관

10·29 이태원 참사 1주기가 지나면서 유가족들은 처절할 만큼 고통 속에서 하루하루를 이겨내고 있었다. 추운 겨울 날씨만큼 이나 진상 규명을 향한 국민의 관심이 얼어붙고 있는 상황에서 더 이상 물러설 곳이 없는 유가족들은 할 수 있는 모든 걸 온몸으로 보여주었다.

국회 앞에서는 특별법 제정의 간절함과 절박한 마음을 담아 눈 덮인 거리 위에서 오체투지를 진행했고, 대통령실 앞에서 특별법 거부권을 행사하지 말아달라며 자식의 영정 사진을 가슴에 품고 삭발까지 했다.

이태원 참사 합동분향소를 찾아 분향하는 조국 전 장관.

그렇게 눈물과 한으로 겨우 국회 본회의를 통과시킨 특별법을, 윤석열 대통령이 아무런 명분도 근거도 없이 거부권을 행사해 물거품으로 만들어 버렸다. 1년 넘게 싸워 온 유가족들은 분노하고 절규했다. 그리고 국민들을 향해 반드시 제대로 심판해 달라 호소했다. 그러나 이런 피 끓는 호소에도 불구하고 21대 정기국회는 종료되었고, 언론은 더 이상 10·29 이태원 참사를 보도하지 않았다.

유가족들은 해가 바뀌고 설이 지나도록 쓸쓸히 서울광장 안분향소를 지켰다. 그러던 2월 22일, 조국 전 법무부 장관이 이곳을 방문한다는 소식이 들려왔다. 썰렁했던 분향소 주변은 방문

예정 1시간 전부터 취재진과 경찰들로 북적거렸고, 자원봉사 지킴이들은 들뜬 모습으로 조국 전 장관을 어떻게 맞이할지 유가족과 이야기를 나눴다. 순번을 정해 돌아가며 분향소를 지키던 유가족들 외에 가족협의회나 시민대책위 운영진들은 보이지 않는 것을 보니 사전 연락 없이 방문한 듯했다.

차가운 겨울바람이 불고 금방 비가 내릴 듯 잔뜩 찌푸린 하늘 아래, 조국 전 장관이 수행원 한 명과 함께 분향소를 찾았다. 추모 배지를 코트에 달고 한 손에는 이태원 참사를 다룬 책《정부가 없다》를 든 모습이 눈길을 끌었다. 정독한 듯 책에는 포스트잇이 여러 장 붙어 있었다.

헌화와 묵념을 마친 조국 전 장관은 유가족에게 다가가 조의를 표했고 유가족들은 방문에 감사를 전했다. 이어서 방명록을 작성한 조국 전 장관은 '이태원 참사의 진상 규명과 책임자 처벌이 진정한 추모입니다'라고 썼다.

진상 규명과 처벌을 위한 노력을 약속하고 정부를 질타하다 유가족들과 대화를 나누던 조국 전 장관은 딸의 절친이 희생되었던 당시 상황을 자세히 전하며 아무도 사과하지 않고 책임지지도 않는 윤석열 정부를 이해할 수 없다고 규탄했다. 그리고 유가족들에게 진상 규명과 처벌을 위해 노력할 것을 약속했다. "제가 피해자 가족은 아니지만 간접 경험을 한 사람으로서 노력하

분향소에서 유가족들과 인사를 나누는 조국 전 장관.
추모 배지를 달고 이태원 참사를 다룬 책을 들고 있다.

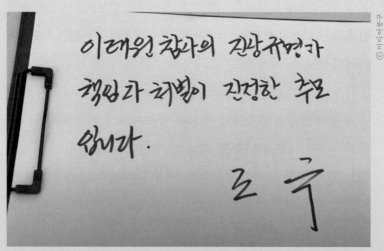

이태원 참사의 진상규명과
책임과 처벌이 진정한 추모
입니다.

조국

조국 전 장관이 방명록에 남긴 문구.

유가족과 비공개 면담을 마친 후 입장문을 발표하고
기자들과 일문일답을 하는 조국 전 장관.

겠습니다." 유가족들도 간절한 마음을 전했다. "저희는 정치도 모
르고 법도 잘 모릅니다. 그냥 아이들의 아빠, 엄마입니다. 저희
가족들 마음을 헤아려 주시고, 최우선 과제로 '이태원 특별법'을
제정해 저희의 억울한 심정을 풀어주십시오."

　　이어 조국 전 장관은 유가족들과 더 깊은 이야기를 나누기
위해 분향소 뒤 천막으로 이동했다. 이 면담은 비공개로 긴 시간
진행됐다. 그동안의 정치인들은 보통 유가족과의 면담을 공개적
으로 진행했는데, 조국 전 장관은 이 면담이 진심이 아닌 보여주
기 식으로 비춰질까봐 비공개를 선택한 것이 아닐까 생각했다.
유가족을 위한 조국 전 장관의 배려가 아닐까 싶었다.

　면담을 마치고 나온 조국 전 장관은 준비해 온 입장문을 읽기 시작했다. 한마디로 윤석열 대통령에게 강력 경고하는 내용이었다. 그는 어느새 유가족의 입장을 대변하고 있었고, 이태원 참사의 모든 문제를 잘 파악하고 있음을 알 수 있었다. 무엇보다 입장문을 읽는 동안 강강약약의 모습이 보여서 좋았다.

　입장문 발표를 마친 조국 전 장관은 기자들과 일문일답을 진행하며 윤석열 정부를 강하게 비판했다. 한 자원봉사자는 조국 전 장관이 방문함으로써 언론이 이태원 참사를 한 번 더 바라볼 수 있게 되었다며 고마움을 표시했다. 앞으로도 우리 사회의 아픔이 있는 현장에 조국 전 장관이 함께하기를 기대한다.

10·29
이태원 참사에 대한 입장문
(2024. 02. 22)

아무 잘못도 없는 시민들이, 서울 한복판에서 159명이 사망했습니다. 유가족들이 한파 속에서 오체투지와 일만오천구백배를 하며 호소한 것은, 진상 규명과 재발 방지 대책을 세우라는 것입니다. 그러나 윤석열 대통령은 이런 유가족들의 처절한 호소를 외면했습니다.

이태원 참사 피해자는 대한민국 국민만이 아닙니다. 미국을 포함한 14개 나라, 26명의 외국인도 포함되어 있습니다. 그래서 UN의 시민적 및 정치적 권리 위원회도 지난해 11월 이태원 참사의 진상 규명을 위한 전면적이고 독립적이고 공정한 기구 설립, 그리고 고위직을 포함한 책임자들에 대한 사법 처리 등을 우리 정부에 권고한 바 있습니다.

그런데 도대체 무엇이 두려워서 거부권을 행사합니까? 수많은 젊은이들의 죽음에 대해 그 누구도 책임을 지지 않았습니다. 왜 제대로 된 사과를 정부는 하지 않습니까? 도대체 국가가 왜 있고 정부는 왜 존재하는 것입니까?

국민의 삶을 지키고 보호하는 것이 국가와 정부가 존재하는 이유입니다. 윤석열 정권은 이태원 참사 초기부터 정부의 책임은 전면 부인하고 현장 실무자의 책임으로 돌리기에 급급했습니다. 지난달 기소되어 재판에 넘겨진 김광호 전 서울청장이 대표적인 사례입니다. 마치 고발사주의 피의자 손준성 검사를 오히려 승진시키는 어처구니없는 인사가 떠오르기도 합니다.

이태원 참사 후 15개월, 김광호 서울청장이 유임되었던 기간입니다. 경찰 2인자의 자리에서 자신이 인사 영향력을 행사하는 부하 직원들로부터 황제 수사를 받았음에도 기소의견으로 불구속 송치된 것이 2023년 1월이었습니다. 책임이 제기되고 수사 대상이 되었을 때부터 이미 직위해제, 혹은 수사와 무관한 보직으로 발령내는 것이 너무도 당연한 공무원의 원칙이지만, 참사 후 15개월, 경찰의 기소의견 송치 후 12개월 이상을 경찰 2인자의 자리에 유임시켰던 것입니다.

문재인 정부 서울경찰청장의 평균 임기가 1년이었음을 고려할 때, 이태원 참사 책임으로 피의자가 된 이후에도 기소될 때까지 1년 이상을 경찰 2인자로 유임시킨 것은 털끝만큼도 정부 책임은 인정하지 않겠다는 오기 인사이자 국민 무시 정권의 민낯을 보여준 대표적 사례라고 하겠습니다.

저와 저의 가칭 조국신당은 윤석열 대통령에 경고합니다. 세월호 참사의 책임을 피하려 했던 박근혜 정권이 국민들에 의해 어떻게 무너졌는지 똑똑히 기억하시기 바랍니다. 지금이라도 윤 대통령 자신이 직접 나서 진상 규명을 약속하고 다시는 이런 불행한 후진국형 참사가 발생하지 않도록 재발 방지책을 제시해야 합니다. 또한 책임 있는 자에 대하여 반드시 책임을 물어야 할 것입니다.

2024.02.23 | 용산 대통령실 앞 | 미디어몽구

결자해지의 심정으로 국민에게 고한다

조국 전 장관 용산 대통령실 앞 긴급 기자회견

기자회견이 예고된 대통령실 앞 현장 분위기

조국 전 법무부 장관이 용산 대통령실 앞에서 긴급 기자회견을 한다는 소식이 들려왔다. 드디어 그날이 온 건가. 언제쯤 그가 대통령실 앞에 설지, 발언 수위는 어떨지 여러 생각이 머릿속에 머물고 있었기에 기다리던 순간이었다. 나날이 투사로 변해가는 조국 전 장관의 모습에 모든 게 예측 불가능했지만, 최근 행보 중 가장 절정에 이르는 시간이 될 것 같다는 느낌이 들었다.

다음 날 일찍 대통령실로 향했다. 많은 취재진이 붐빌 것이었고, 늦게 갈수록 카메라 위치 선정이 힘들 것이라는 생각이 들어 서둘렀다. 삼각지역에서 내려 기자회견 장소로 가던 중 대통

령실 주변을 경호하는 분들이 다가와 "무슨 일로 왔느냐", "소속이 어디냐" 하고 물었다. 경호원 3명, 경찰 2명이 같은 질문을 반복했다. 처음엔 답했지만 계속되는 물음에 짜증이 밀려와 답하지 않겠다고 했다. 답할 의무 또한 없었다. 정보과 경찰들은 사전 통보를 받지 못했는지 조국 전 장관이 온다는 소식에 무전을 주고받으며 바삐 움직이기 시작했다.

그렇게 회견 장소에 도착하니 '오마이TV'와 '장윤선의 취재 편의점' 팀에서 미리 와 현장 중계를 준비하고 있었다. 그 외에는 아무 취재진도 보이지 않았다. 기자회견 40분 전인데 말이다. 두 팀의 촬영 기자 모두 아는 후배들이었던 터라 "왜 기자들이 없니?" 하고 물었으나 자기들도 모르겠다고 했다. 이 정도로 비중 있는 회견이면 한 시간 전부터 기자들이 도착해 있어야 하는데, 회견 시간이 다가와도 둘 이외엔 아무도 보이질 않으니 뭔가 이상했다. 알고 보니 우리가 장소를 잘못 알았던 것이다. 보통 용산 대통령실 앞의 기자회견 및 집회 장소는 주로 시민 사회단체들이 이용하고, 정치인들은 대통령실 정문 입구 맞은편을 이용한다. 조국 전 장관도 그곳에서 한다고 공지한 상태였다.

장소를 옮겨갔더니 사진 기자들이 와 있었다. 자리를 잡고 있는데 경호원들이 또 그곳에선 기자회견을 못 한다고 하는 게 아닌가. 사진 기자들이 "야당 정치인들도 여기서 회견을 했다"고 말하는데도 그런 적 없다고 답하기에 당시 사진들을 증거로 보

조국 전 장관을 기다리는 취재진들.

여줬다. 경호원들은 그때서야 꼬리를 내리고 폴리스 라인을 치기 시작했다.

　이때 인상적인 장면이 눈에 띄었다. 폴리스 라인 뒤로 시민들이 통행할 수 있는 자리가 확보되었는데, 그쪽 바닥에는 눈이 쌓여 있었다. 기자회견 때문에 시민들의 이동이 불편해진 것이다. 그때 갑자기 현장에 나온 지지자들이 쌓인 눈을 깨끗이 치우기 시작했다. 그들의 따뜻한 마음이 눈을 녹이고 있었다.

　현장에는 사진 기자들은 많은데 영상 카메라는 한 대밖에 보이질 않았다. 그마저도 국회방송에서 온 것 같았고 펜 기자들 역시 한 명도 없었다. 왜 언론의 관심이 이 정도밖에 안 되는 거지? 이해가 되지 않는 상황이었다. 하지만 곧 나의 예상은 빗나갔다. 레거시미디어의 빈자리를 뉴미디어인 유튜버들이 가득 채운 것이다.

가해자에 대한 분노와 피해자에 대한 위로,
조국의 역대급 발언 탄생

시간에 맞춰 조국 전 장관이 도착했고 기자회견을 시작해도 되냐고 물었다. 주변은 시끄러웠다. 공사장에서 들리는 작업 소리에 확성기 소리까지 겹쳐 조 전 장관의 발언에 집중할 수 있을까 싶었다. 그의 가슴에 달린 배지가 가장 먼저 눈에 들어왔다. 159명의 '길 잃은 별들'인 10·29 이태원 참사 희생자들을 상징하는 배지였다. 취재진들의 촬영 준비가 끝나자 조국 전 장관은 준비해 온 입장문을 읽기 시작했다.

정치인들에게서 듣고 싶었던 말이 조국 전 장관의 입에서 나오기 시작했다. 모두의 관심에서 멀어지고 있는 현안들을 다시 불러내고 있었다. 한마디 한마디가 요즘 말로 뼈를 때리고 있었던 것은 그가 돌려 말하지 않았기 때문이리라.

선비가 붓을 놓고 칼을 들었다는 말이 이런 것이구나…. 대단한 결의가 느껴졌다. 그동안 들어보지 못했던 발언 수위에 영상 제목을 '역대급 발언'이라고 정했다. 10분이 조금 넘게 입장문을 읽은 조국 전 장관은 기자들의 질문을 받겠다며 기다렸다.

현장 생중계를 시청했던 분들은 왜 기자들이 아무 질문도 하지 않는지 의아했을 것이다. 댓글로 다양한 추측들이 달렸지만, 진짜 이유는 질문할 펜 기자가 한 명도 없었기 때문이다. 보통 현장에서 질문은 펜 기자들이 하고, 사진 기자나 방송 카메라

이태원 참사 배지를 단 조국 전 장관이 용산 대통령실 앞에서
긴급 기자회견을 열고 입장문을 발표하고 있다.

기자는 촬영만 한다. 그래서 질문이 없었던 것이다. 그렇게 펜 기
자 없는 기자회견은 문답 없이 끝이 났다.

그동안 관심을 놓지 않고 꾸준히 다녔던 아픔의 현장. 그곳에서
피해 당사자들이 세상을 향해 외치고 보여준 절박함과 처절한 절규가
다시 대통령실 앞에 울려 퍼지고 있었다. 조국 전 장관이 남기고 간
메시지가 고맙게 느껴지는 순간이었다. 가해자에 대한 분노도
있었지만 피해자의 아픔을 보듬는 마음이 더 컸기에 '10·29 이태
원 참사'나 '채수근 상병 사망 사건'을 가장 먼저 발언했으리라 생
각한다. 지지자들도 하루빨리 문제가 해결되고 일상으로 돌아가
고 싶어 하는 유가족들을 잊지 말아줬으면 한다.

끝으로 강렬했던 입장문의 전문을 올린다. 윤석열 대통령이
저지른 잘못이 무엇인지 독자 여러분도 확인하길 바란다.

용산 대통령실 앞 긴급 기자회견 입장문

(2024. 02. 23)

존경하는 국민 여러분.

저는 어제 서울광장에서 1년 넘게 천막 농성을 하고 있는 이태원 참사 유가족을 뵙고 왔습니다. 세월호가 그랬듯이, 이태원도 어느새 우리의 기억 속에서 멀어져 가고 있습니다. 유가족들이 서운한 건 우리의 망각이 아니었습니다. 생때같은 자식을 잃은 유가족들이 바라는 건 정부가 단 한 번만이라도 자신들의 목소리에 귀 기울여 달라는 것, 왜 자식들이 죽어야 했는지 진상을 밝혀달라는 것이었습니다.

참담합니다. 분노가 치밀어 오릅니다. 대다수 국민의 목소리는 외면한 채, 혼자 하고 싶은 얘기만 하는 대통령, 오직 30%만 바라보고 국정을 운영하는 대통령, 입으로는 공정과 상식을 외치면서 몸으로는 불공정과 몰상식을 실천하는 대통령 내외는 언제까지 귀를 막고 국민의 입을 틀어막을 생각입니까?

대통령 거부권은 대통령 가족의 비리 의혹을 덮기 위한 방패막이로 전락했습니다. 이태원 참사 진상 규명을 위한 특별법은 대통령에 의해 거부되었고, 대통령실의 외압 정황이 드러난 채수근 해병 사망 사건은 또다른 해병을 희생양으로 만들고 있습니다.

총칼로 정권을 찬탈한 군사정권 때보다 더한 무도함과 그보다 더한 무능함으로 국민들은 실망하고 있습니다. 어린아이들에게조차 놀림거리가 되고 있는 이 수준 이하의 정권에 대해 이번 총선에서 반드시 국민적 심판이 이뤄져야 합니다. 그래야 대한민국이 살아남을 수 있습니다.

윤석열 대통령에게 다섯 가지를 묻습니다.

첫째, 이태원 참사 유가족이 있는 천막을 한 번만이라도 찾아갈 용의는 없습니까? 지금껏 정부 관계자 누구 하나 찾아온 적 없다고 합니다. 오로지 유가족들의 피눈물 나는 호소를 정치적 공세라고 치부하거나, "자식 목숨 팔아 돈벌이하려고 한다"라는 악랄한 언론 플레이만 하고 있습니다. 대통령이 위로 방문을 하면 이러한 야비하고 저열한 2차 가해가 중단될 것입니다. 천막을 찾아 그분들의 이야기를 들으십시오. 그분들의 눈물을 닦아드리고 손을 잡아주십시오.

둘째, 해병 사망 사건 수사 외압 정황에 대한 입장을 밝히길 바랍니다. 최근 '군인권센터'에 따르면 해병대 사령관과 국방부 장관이 주고받은 문자를 통해, 윤석열 대통령과 대통령실이 수사 초기부터 고 채수근 상병 유가족 동향을 보고받은 것으로 드러 났습니다. 어제는 군인권센터가 대통령실 외압을 폭로한 박정 훈 대령을 수사하고 기소한 국방부 검찰단 관계자들을 공수처 에 고발했습니다. 이들이 대통령실과 해병대 사령관의 통화 사 실을 알고도 제대로 수사하지 않았다는 이유입니다.

대통령실과 국방부가 총체적으로 진실을 은폐하고 있는 것입니다. 권력자, 권력기관의 수사 개입은 명백한 위법이고, 중대한 범죄 행위입니다. 대통령의 개입이 확인되면 탄핵 사유 가 되니 은폐하고 있는 것은 아닙니까?

셋째, 아직도 '고발사주' 사건이 정치공작입니까? 고발사주 의 혹의 핵심인 손준성 전 대검 수사정보정책관은 최근 법원에 서 유죄가 인정되어 실형을 선고받았습니다. 이 사건은 검찰이 2020년 4월 총선을 앞두고 선거에 영향을 끼치기 위해 국민의 힘 전신인 미래통합당에 고발장을 만들어 주고, 고발을 요청한 국기문란 사건입니다.

문제의 고발장은 윤 대통령과 한동훈 전 장관을 위해 만들 어진 것임이 확인되었습니다. 재판부는 당시 윤석열 검찰총장 의 최측근이었던 손준성 검사가 선거에 영향을 미치려고 시도 하거나 그 시도에 협조하는 과정에서 범행을 저질렀다며, 검사 가 지켜야 할 핵심 가치인 정치적 중립을 정면으로 위반해 검 찰권을 남용해 사안이 엄중하고 그 죄책 또한 무겁다고 강하게 질책했습니다. 검찰총장의 눈과 귀인 대검의 핵심 참모가 검찰 총장과 교감 없이 독자적으로 벌인 범행이라고 믿는 국민은 없습니다. 손 검사는 징계는커녕, 재판이 진행 중인 상황에서 '검찰의 꽃'이라는 검사장으로 '보은' 승진까지 했습니다. 승진을 통하여 입을 막으려 했던 것 아닙니까?

윤 대통령은 후보 시절 이 사건을 "공작과 선동이다"라고 했습니다. 고발사주 사건은 검찰이 선거에 개입한 국기문란에 해당되는 중대한 범죄이고, 이는 법원 판결로 확인되었습니다. 윤석열 대통령은 이 심각한 범죄에 대해 아직도 정치공작이라고 생각하십니까? 이 사건으로 대통령 본인이 공수처에 입건되었습니다. 본인의 억울함을 밝히기 위해서라도 공수처 수사를 받을 용의는 없습니까?

넷째, 대통령의 부인과 처가 비리 의혹에 대한 수사를 검찰에 지시할 생각은 없습니까? 대통령 부인이 버젓이 명품백을 받는 장면이 온 국민에게 공개되었습니다. 대통령기록물이니, 몰카공작이니 하는 말도 안 되는 얘기는 그만하십시오. 초등학생도 웃습니다. 억울하면 당당하게 특검법을 수용해 낱낱이 밝히면 될 일을 왜 거부하십니까? "박절하게 대하지 못해 아쉽다"라는 한마디로 넘어가면, 대한민국 어느 공무원에게 뇌물 받지 말라고 할 수 있습니까?

주가조작 공범들은 모두 수사 받고 기소돼 유죄 판결을 받앉는데, 딱 한 사람, 그것도 검찰 수사 보고서에 23억의 수익을 얻었다고 되어 있는 그 한 분만 소환 조사조차 하지 못하는 게 정상적인 국가의 검찰이라고 생각하십니까? "남에게 10원 한 장 피해준 적 없다"라고 했던 장모는 검찰의 봐주기 기소에도 불구하고 결국 법정 구속되었습니다.

처가의 범죄를 덮기 위해 국가기관인 검찰 조직이 동원되었습니다. 이게 윤석열식 법치이고, 공정입니까? 국회가 의결한 특검법조차 거부해 놓고 무슨 염치로 법치를 얘기하고, 공정을 입에 올릴 수 있습니까? 양평고속도로의 노선 변경으로 처가가 엄청난 혜택을 볼 것인데, 윤석열 대통령 내외는 왜 침묵하는 것입니까. 대통령은 어떻게 노선이 변경되었는지 엄정하게 수사하라고 지시할 생각이 없습니까?

검찰총장 시절 '살아 있는 권력' 수사를 해야 한다고 자랑하던 모습은 다 어디로 갔습니까. 대통령이 되고 나니, 수사기관을 '살아 있는 권력'을 보위하는 도구로 생각하고 있지 않습니까?

다섯째, 검찰총장 시절 눈먼 돈 쓰듯 했던 특수활동비 사용 내역을 공개할 생각은 없습니까? 어제 언론 보도에 따르면, 검찰 수사와 아무 관계없는 전직 대전지검 천안지청 민원실 직원이 검찰총장 특수활동비를 받은 적 있다고 언론에 제보했습니다. 언론 보도에 따르면 윤석열 대통령은 검찰총장 재직시 무려 70억 원가량의 특수활동비를 집행한 것으로 알려졌습니다.

서울행정법원은 지난 1월 '특활비 사용내역과 지출증빙 내역'을 공개하라고 판결했습니다. 또 부산 방문시 여당 의원들과 가졌던 비공개 회식 비용도 공개하라고 했습니다. 그러나 아직까지 검찰은 공개하지 않고 있습니다. 박근혜 대통령의 특수활동비 유용 문제로 박 대통령과 당시 국정원장들은 법의 심판을 받았습니다. 당시 수사 책임자가 윤석열 대통령입니다. 박근혜 대통령 특수활동비 사용 내역을 수사했던 검찰총장 윤석열의 특활비는 왜 공개하지 않습니까. 윤석열 특활비가 '검찰판 하나회 카르텔'을 유지한 핵심 역할을 했기 때문 아닙니까?

존경하는 국민 여러분.

전임 문재인 정부의 검찰개혁 책임자로서 정치검사들의 준동을 막지 못한 데 대해 다시 한번 송구스럽다는 말씀을 드립니다. 저 조국, 결자해지의 심정으로 국민께 고합니다. 저와 저의 동지들은 윤석열 검찰독재정권에 의한 민주주의의 퇴행을 좌시하지 않겠습니다. 윤석열 정권에 의한 검찰의 사유화, 편향적이고 선택적인 검찰권 행사와 싸우겠습니다. 그리고 민생과 복지의 획기적 개선을 위해 정책을 추진하겠습니다.

제가 타버리더라도, 제가 부서지더라도, 제 등에 또 화살이 박히고 발에 족쇄가 채워지더라도, 끝까지 민주공화국의 가치를 지켜내겠습니다.

감사합니다.

2024.02.25 | 아트나인, 공백공유 | 박지훈

조국신당이라는 강력한 함대를 구축하다

영입인재 1호 발표와 전국 시도당 창당

영입인재 1호, '퍼스트 펭귄' 신장식

2월 25일 오전, 서울 동작구 아트나인 9층은 여러 언론사에서 몰려온 기자들과 카메라들로 붐볐다. '조국신당'의 첫 영입인재가 발표되는 현장이었다. 이날 현장에 있던 사람들의 관심사는 온통 혜성처럼 등장한 조국신당의 첫 영입인재 자리를 과연 누가 차지할 것인지에 쏠려 있었다.

예고됐던 11시, 조국 인재영입위원장이 단상에 올라 지난 열흘간의 경과를 보고했다. "검찰개혁에 앞장서고 복지의 토대 위에 행복국가를 지향하는 정당의 목표에 부합하는 인재를 모시기 위해 뛰고 있다"며 "드디어 오늘 첫 번째 영입인재를 모시게 되었다"고 말문을 열었다. 이어 "여러분들도 워낙 잘 아시는 분이라 구구절절 설명이 필요하지 않겠다"는 말과 함께 1호 영입인재로 '신장식 변호사'를 호명했다. 취재진과 지지자들의 얼굴에 하나같이 놀라움과 반가움이 떠올랐고, 탄성과 환호도 흘러나왔다.

연단에 오른 신장식 변호사는 "저 신장식이 가장 먼저 바다로 뛰어드는 퍼스트 펭귄이 되겠다"라고 선언했다. 이어 "왜 하필 조국신당이냐"라는 질문을 스스로 던지고, 세 가지 답을 제시했다. "윤석열 정권 조기종식을 위해 가장 빠르게, 가장 날카롭게 움직일 수 있는 정당이기 때문입니다. 민주진보정치의 왼쪽 날개를 재건할 수 있는 현실적 대안이기 때문입니다. 그리고 제 마음이 조국 곁에 있으라고 말하고 있기 때문입니다." 그의 말에 객석에서 박수가 쏟아졌다.

"점잖은 표정으로 조국을 비판하면서 자신의 도덕적 우위를 과시하는 사람들, 상기된 목소리로 조국을 비난하면서 정치적 이득을 노리는 사람들, 조국 가족을 도륙하는 검찰을 보십시오. '이래서 검찰개혁이 필요하다'고 하면서도 조국이라는 검불은 묻히지 않으려는 사람들, 아니 심지어 스치는 것도 꺼려하는 사람들, 그분들의 의견을 존중합니다. 하지만 저는 그렇게 하지 않으려고 합니다. 조국과 함께 비난도 칭찬도 같이 듣는 것이 검찰개혁을 외치는 사람의 당당한 태도, 그리고 인간에 대한 예의라고 생각하기 때문입니다."

이어 그는 2006~2007년 당시의 음주·무면허운전 이력을 스

'조국신당' 영입인재 1호 신장식 변호사에게 꽃을 건네는 조국 인재영입위원장.

스로 밝혔다. 오래전이고 대인, 대물 사고가 없었다고 하더라도 변명이 되지 않는다고 고백하고, 음주운전 사고로 가족을 잃은 분들과 피해자들에게 허리 숙여 사과했다. 여기서 그치지 않고 '자동차손해배상보장법' 등의 법과 제도를 개선하고 '신장식'이라는 이름에서 더 좋은 정치를 떠올릴 수 있도록 최선을 다하겠다고 약속했다.

　　이어지는 기자들과의 질의응답에서는 한동훈 위원장을 향한 비판도 내놓았다. "한마디만 드리겠습니다. 요즘 한동훈 비대위원장, 아니 한동훈 씨라고 불러도 될 것 같군요. 조국 씨, 조국 씨 꼭 이렇게 부르면서 '조국 씨는 병립형이었으면 국회의원이 될 수 없는 사람입니다' 이렇게 말합니다. 그런데 한동훈 씨는 대한검국의 검사 대통령이 아니었다면 정치를 할 수 없는 사람이고, 여당 대표 자리는 언감생심 아닙니까? 본인을 먼저 돌아보시고 이야기를 하셨으면 좋겠다는 말씀을 꼭 드리고 싶었고요. '신장식 씨'도 이제 시작을 하니까, 한동훈 씨가 병립형이 뭔지, 연동형이 뭔지부터 이해를 하시고 정치개혁과 관련된 토론, 검찰개혁과 관련된 토론을 신장식 씨와 함께 이야기할 수 있는 자리를 공식적으로 제안드립니다. 한동훈 씨, 답변 바랍니다."

서울시당 포함 전국 6개 시도당이 창당되다

1호 인재영입식이 있었던 2월 25일은 서울, 경기, 부산, 광주, 전북, 전남 등 전국 6개 시도당 창당대회가 열리는 날이기도 했다. 조국 인재영입위원장과 '1호' 신장식 변호사는 이날 인재영입식에 이어 오후 3시에 열리는 서울시당 창당대회에 참석했다.

행사는 성북구 정릉동의 문화공간 '공백공유'에서 열렸다. 행사 시작을 한 시간 이상 앞둔 이른 시간부터 자원봉사자들과 참석자들이 몰리기 시작했고, 참석 당원 확인을 마친 참석자가 다시 자원봉사자가 되어 자발적으로 행사장 이곳저곳을 뛰어다니는 진풍경이 펼쳐졌다.

행사 시작 30분 전이 되었을 때는 그 넓은 계단식 강당이 이미 가득 찼다. 그 후로도 참석자들은 끝도 없이 계속 밀려들었다.

방송 카메라를 든 언론사 관계자들은 대부분 일찌감치 참석해 자리를 잡았지만 늦게 온 언론사 관계자들은 관객석 끝에서 자리를 잡느라 어려움을 겪기도 했다.

행사가 시작되고, 국민의례를 마친 조국 인재영입위원장과 '1호' 신장식 변호사가 차례로 축사를 했다. 신 변호사는 "사랑하는 당원 동지 여러분!"이라는 말을 다시 하고 싶었다고 운을 떼고는, 도종환 시인의 시 '도요새'와 준비한 축사를 격정적으로 낭독했다. 듣는 이들의 가슴을 뛰게 하는 열정적인 연설에 현장에 모인 당원들은 힘찬 박수를 보냈고, 현장 분위기는 그야말로 끓어올랐다. "동지 여러분, 대지를 박차고 날아오르실 준비, 되셨습니까? 절대 날갯짓을 멈추지 않을 준비, 되셨습니까?" 뛰어난 진행자로만 여겼던 신장식 변호사가 대중의 마음을 흔들 줄 아는 선동가이자 정치인임을 느꼈던 순간이었다.

이날 행사에서는 서울시당 위원장으로 임유원 전 서울특별시교육청교육연구정보원 원장이 선출되고, 사무처장 및 회계책임자로 김윤정 집행위원장이 지명됐다. 이렇게 모든 절차를 갖춰 행사가 끝난 뒤에도 조국 위원장과 신 변호사는 장시간 행사장에 남아 당원들의 사진 촬영에 응했다.

조국혁신당은 이날 서울시당을 포함해 총 6개 시도당이 창당됨으로써 정당법상 정당이 갖춰야 하는 최소 5개 시도당의 요건을 충족했고, 일주일 뒤인 3월 3일 중앙당 창당을 향해 급속하게 달려가기 시작했다.

조국 인재영입위원장
축사
(2024. 02. 25)

우리가 이렇게 모였습니다.

생애 처음 당원이 되고, 생애 처음 탈당도 하고, 생애 처음 새로운 정당을 만들어 보겠다고 이렇게 모였습니다. 왜 새로운 정당, 조국신당을 창당해야 하는가, 사람마다 다른 이유를 말합니다. 예를 들면 검찰독재를 심판하기 위해서, 정치적 민주주의의 후퇴를 막아내기 위해서, 민생경제의 파탄을 더 이상 두고 볼 수 없어서, 과학기술 발전의 토대가 무너지는 것을 막기 위해서, 남북관계의 파탄과 전쟁 위기를 막기 위해서, 또는 그냥 조국이 불쌍하고 짠해서.

이런 국민들의 마음이 모여서 아주 빠른 시간 안에 새로운 정당이 만들어졌습니다. 저는 이런 국민들의 마음을 한마디로 요약할 수 있다고 생각합니다. 이건 누가 카피라이터에게 맡긴 것도 아니고, 제가 오랫동안 고민하다가 '겸손은힘들다 뉴스공장' 인터뷰할 때 한마디 했던 말인데요. 뭐냐 하면, '3년은 너무 길다'입니다. 제가 한번 해보겠습니다.

3년은! (너무 길다!)

그렇습니다. 3년은 너무 깁니다. 이자들이 3년 동안 도대체 무슨 짓을 할지 모르겠습니다. 대한민국을 어디까지 망가뜨릴지 상상이 되지 않습니다. 윤석열 정권의 무도한 횡포를 이대로 두고서는 대한민국의 미래는 없습니다.

검찰독재의 조기종식, 이것을 위해 우리는 모였습니다. 그다음, 검찰독재를 종식시킨 후 권력으로 자신들의 범죄를 은폐한 자들을 처단하기 위해 우리는 모였습니다. 검찰독재를 종식시킨 후, 민생경제를 회복하고 복지를 강화하기 위해서 우리는 모였습니다. 검찰독재를 종식시킨 후, 과학기술 강국의 기둥을 다시 세우기 위해 우리는 모였습니다. 검찰독재를 종식시킨 후, 남북관계를 회복하기 위해서 우리는 모였습니다.

존경하는 당원 동지 여러분.

2019년 하반기부터 정치권과 언론에 등장하는 말 중에 '조국의 강'이란 것이 있었습니다. 여러분도 한두 번씩은 들어보셨을 것입니다. 저는 분명히 말합니다. 대한민국 공동체의 앞길을 가로막고 있는 장애물, 민주개혁 세력의 앞길을 가로막고 있는 오물로 가득 찬 강은, 다름 아닌 '검찰독재의 강'이고, '윤석열'이라는 강입니다.

저 조국은, 그리고 조국신당은, 대한민국 공동체가, 민주개혁 세력이, '윤석열의 강', '검찰독재의 강'을 건너갈 때 필요한 뗏목입니다. 그리고 '윤석열의 강', '검찰독재의 강'을 건너가게 해주는 성능 좋은 수륙양용 전차이기도 합니다.

오늘 전국에서 6개 시도당이 창당되고 있습니다. 첫 번째로 오늘 오전 광주에서 먼저 광주시당이 창당되었습니다. 다음 주 창당대회가 마무리되면 우리는 새롭게 태어날 것입니다. 뗏목과 수륙양용차를 넘어, 조국신당이라는 강력한 함대로 새롭게 태어날 것입니다. 주변의 뜻을 함께하는 분들 함께 승선해 주십시오. 가족, 친구, 친척, 선후배, 사돈의 8촌까지 설득해서 함께 승선시켜 주십시오. 승리의 짜릿한 경험을 선물해 드릴 것입니다.

조국 함대는 승선비는 받지 않습니다. 단, 자발적으로 내주시는 당비는 받아서 함대 운영에 사용하겠습니다. 조국 함대는 '윤석열의 강'을 건너 검찰독재를 해체하고 새로운 조국을 만들어 갈 비전과 정책을 제시할 것입니다.

우리는 검찰독재를 종식시키기 위해 가장 앞장서 싸울 것이고, 이어 기재부와 검찰의 조직 개편, 교육개혁과 균형발전의 동시 추진, 노동과 복지 강화를 위한 사회권 선진국의 진입, 지속가능한 성장 전략, 기회 균등과 격차 해소, 평화공정을 위한 전략, 과학기술자가 주도하는 과학기술 등 정책대안을 국민께 제시할 것입니다.

사랑하는 당원 동지 여러분.

우린 현재 기적을 만들어 가고 있는 중입니다. 당원 모집 활동 개시 이틀 만에 3만 명 이상이 입당을 했습니다. 후원금 모집 캠페인 하루 만에 상상 이상의 후원금이 모였습니다. 오늘 우리 당은 6개의 시도당을 동시에 창당합니다. 서울, 부산, 광주, 경기, 전북, 전남 등등 한두 시간 차이로 말입니다. 창당 선언 12일 만에 중앙당 창당의 법적 요건을 충족하였습니다. 임유원 서울시당 위원장님을 비롯한 여러분들의 땀과 노력이 이런 결과를 만들어 내고 있습니다.

다시 한번 감사 인사를 드립니다. 우리 모두 신발끈 조여 매고, 다음 주 중앙당 창당까지, 그리고 4월 10일 총선까지, 한 걸음 한 걸음 전진합시다.

당원 동지 여러분, 우리는 승리할 것입니다. 아니 승리해야 합니다. 손에 손을 잡고, 어깨에 어깨를 걸고, '윤석열의 강', '검찰독재의 강'을 건넙시다. 그리고 마침내 승리합시다.

다시 한번 구호를 외치겠습니다.

3년은! (너무 길다!)

감사합니다.

당명과
로고 확정

　'조국혁신당'이라는 당명이 확정되기까지 여러 과정이 있었다. 조국 당 대표가 창당을 선언하고 처음 추진했던 당명은 '조국신당'이었다. 하지만 중앙선관위가 현역 정치인의 이름을 당명에 쓰면 안 된다는 이유로 제동을 걸었다.

　이에 가칭 조국신당 창당준비위원회는 조국 전 장관과 창준위 페이스북 등을 통해 당명 공모를 진행했다. 지지자들의 열띤 참여 덕분에 수많은 당명이 제안되었다. 창준위는 이후 2월 29일 보도자료를 통해 정식 당명을 '조국혁신당'으로 결정했다고 알렸고, 3월 3일 중앙당 창당대회에서 당명을 확정했다.

　당명과 함께 로고 디자인도 공개되었다. 조국혁신당 로고에는 트루블루, 코발트블루, 딥블루가 들어간다. 트루블루는 광주의 하늘, 코발트블루는 백두산 천지, 딥블루는 독도의 동해를 각각 상징한다.

조국혁신당 1~6호
영입인재 소개

영입인재 1호 신장식

"윤석열 정권 조기종식 선봉장이 되겠다"

모두가 궁금해했던 조국혁신당 영입인재 1호의 정체는 신장식 변호사로 밝혀졌다. 신 변호사는 MBC 라디오 〈신장식의 뉴스하이킥〉진행자였으나, 윤석열 정부가 들어서고 방송통신심의위원회가 꾸린 22대 국회의원 선거방송심의위원회에서 패널 편향 등의 이유로 중징계를 받은 끝에 하차했다. 조국 당대표는 "신 변호사는 방송 진행자로 주로 알려져 있지만 정의당 사무총장을 맡는 등 진보정당의 주요 활동가였다"며 진보정치인 신장신의 모습에 주목해 영입을 제안했다고 말했다. 또 앞으로 신 변호사의 역할은 "노회찬 전 의원의 비전을 시민들게 알리는 것과 윤석열 정권 종식"이 될 것이라고 전했다.

인재영입식에서 지지자들의 뜨거운 박수를 받으며 첫 인사를 건넨 신 변호사는 "누구보다 빠르게, 누구보다 날카롭게 윤석열 정권의 폭정을 비판하고 실질상, 사실상 윤석열 정권을 조기종식시키는 선봉장이 되겠다"며 가슴 뛰는 선언을 해 큰 호응을 받았다.

영입인재 2호 이해민
"과학기술IT 분야 정치 세력의 구심이 되겠다"

조국혁신당의 영입인재 2호는 구글 출신 IT 전문가인 이해민 씨다. 조국혁신당의 첫 여성 인재이기도 한 이 씨는 구글에서 15년 넘게 제품책임자(PM. Product Manager)로 일했으며, 현재는 스타트업에 기술임원으로 재직 중인 IT 전문가이자 워킹맘으로 알려져 화제를 모았다.

이 씨는 지난 3월 4일 서울 동작구의 한 상영관에서 열린 인재영입식에서 "AI의 시대, 미국은 마치 로켓엔진에 부스터를 더한 것처럼 속도를 높이고 있는데 대한민국은 놀랍도록 거꾸로 가고 있다"며 윤석열 정부의 R&D 예산 삭감을 비판했다. 또 "지금은 조금만 더 지체하면 도저히 따라잡지 못할 절체절명의 위기 국면"이라면서 "조국혁신당에서 무엇보다도 신속하게 연구개발 예산을 정상화하는 일부터 뛰어들겠다"고 열의를 보여주었다.

조국 당 대표는 이해민 씨 인재영입식에서 "과학기술 분야는 무너져 가고 있는 우리 경제를 일으키고, 청년들의 일자리를 만들고, 미래를 만들어 갈 중차대한 역할을 한다"며 영입 배경을 밝혔다. 박태웅 한빛미디어의장은 추천사를 통해 이 씨를 "최고의 제안자, 조율자, 무엇보다도 언제나 일이 되게 하는 차원이 다른 '일잘러'"라고 칭찬하기도 했다. 과학기술인들을 향한 윤석열 정부의 횡포가 극심한 상황에서 이해민 씨의 활약이 기대되는 지점이다.

영입인재 3호 서왕진
"조국혁신당의 혁신정책을 개발하고 실현하겠다"

서왕진 전 서울연구원장은 조국혁신당 정책위의장이자 영입인재 3호로 이름을 올렸다. 서 전 원장은 환경정의 사무처장 등 환경운동가로 활동하다가 미국 델라웨어대학교에서 에너지환경정책 박사 학위를 취득한 정책전문가다. 박원순 서울시장 당시 정책특보, 비서실장 등과 대전환포럼 상임위원장을 역임한 바 있다.

조국 당 대표는 학문 활동과 행정 경험, 시민사회 경험을 모두 갖춘 서 전 원장의 능력을 높이 사며, "조국혁신당의 정책은 그 어느 누구도 아닌 서왕진 박사님께 맡기려 한다"고 말했다. 서 박사는 에너지 전문가로 활동해 온 경험을 토대로 윤석열 정부의 탄소중립 정책 퇴행을 지적하며 "탈탄소 시대 글로벌 산업통상 선도국가로 나아갈" 정책을 마련하겠다고 다짐했

다. 또 "조국혁신당의 혁신정책을 개발하고 실현하는 데 앞장
서겠다. 국정 핵심 과제에 대한 연구 및 조정자 경험을 바탕으
로 조국혁신당에서 제7공화국을 실현할 대한민국 대전환 구상
을 설계하고 제도화하는 데 기여하겠다"고 약속했다.

영입인재 4호 김형연

"윤석열 정부에 의한 법치주의 퇴행을 바로잡겠다"

김형연 전 법제처장은 문재인 청와대에서 조국 대표와 호
흡을 맞춘 인사로, 판사를 거쳐 문재인 정부 초대 법무비서관
과 제33대 법제처장을 지냈다. 조국 당 대표는 "문재인 대통령
께서 대통령 개헌안을 발의할 때 주 책임자는 (민정수석이었던)
저였지만, 실제 개헌안 내용을 하나하나 검토하는 책임자는 김
전 처장이었다"라면서 "사적으론 오랜 동지이자 친구나 마찬
가지인데 흔쾌히 (영입 제안에) 응해주어서 감사한 마음"이라고
밝혔다.

김 전 처장은 조국 일가가 정치검찰에 의해 도륙되는 모습
에 분노했고, 그런 상황에서도 목숨을 걸고 나선 조국을 보며
용기를 내게 되었다고 밝혔다. 또 "윤석열 검찰정권은 법치라
는 칼의 칼자루를 쥐고, 그 칼날을 검찰정권의 반대자들에게만
집중적으로 휘두르고 있다"며 윤석열 정부에 의한 법치주의
퇴행을 바로잡겠다고 강력히 선언했다. 구체적으로는 "윤석열

검찰정권의 반(反)법치주의적 퇴행의 민낯을 국민께 낱낱이 드러내고, 아울러 효과적으로 사법적 책임을 물을 수 있도록 전력을 다하겠다"고 강조했다.

영입인재 5호 김선민
"의료의 주인은 환자와 국민이다"

조국혁신당의 5호 영입인재는 첫 여성 건강보험심사평가원장을 지낸 김선민 전 원장이다. 김 전 원장은 2023년 심평원장에서 퇴임한 뒤 9월부터 국내 최초 산업재해 전문 공공의료기관인 태백병원에서 진료과장직을 맡고 있다. 이전에도 국가인권위원회 인권연구담당관, 세계보건기구(WHO) 서비스제공 및 안전국 수석기술관으로 근무하는 등 공공의료와 사회를 잇는 역할을 충실히 수행해 왔다.

김 전 원장은 "조국혁신당은 보기 드문 정책정당"이라며, 강령의 내용이 모호한 논평이 아닌 구체적 행동이고, 경쟁에 지친 한국사회가 나아갈 대안을 제시하고 있다고 평했다. 이러한 근거를 바탕으로 "조국혁신당과 함께라면 우리나라 보건의료 발전을 이뤄낼 수 있다"고 단언하고, 의료 전문가로서 "정책 결정에서 진료까지 전 영역에서 국민과 환자가 중심에 서도록 의사결정 체계를 바꾸겠다"고 약속했다.

영입인재 6호 김준형

"정치의 꽃은 복지고 외교의 꽃은 평화다"

김준형 전 외교원장은 문재인 정부 당시 대통령 직속 정책
기획위원회 평화번영분과 위원을 거쳐 국립외교원장에 임명됐
던 외교안보 전문가다. "평생 국제정치학자이자 외교전문가로
활동하신 분"이라는 조국 당 대표의 소개처럼, 국제정치와 외
교 문제에 대해 전문가로서 날카로운 의견과 비판을 제공해 왔
다. 2018년 남북정상회담 전문가 자문단 중 한 명이었고 2023년
에는 더불어민주당 동북아평화협력특별위원회 위원장에 임명
된 바도 있다.

김준형 전 원장은 영입 소감에서 "윤석열 정부는 외교를
하는 것이 아니라 전쟁을 하고 있다"고 비판했다. 그리고 한반
도 평화체제 복원, 식민지 잔재 극복, 미중전략 대결 속 국민의
자주적 미래 결정권이라는 '세 가지 과제'를 제시했다. 또 자신
의 좌우명 "정치의 꽃은 복지고 외교의 꽃은 평화다"를 소개하
며 "윤석열 정부가 망가뜨리고 있는 민주주의와 외교적으로
진영 편향의 이념외교" 청산을 목표로 삼겠다고 선언했다.

2부

쇄빙선의 출항
(2024년 3월 1일~3월 27일)

2024.03.03 | 일산 킨텍스 그랜드볼룸 | 박지훈

맨 앞에서 서고 맨 마지막까지 싸우겠다

조국혁신당 중앙당 창당대회

조국이 제안한 시대 구호 "3년은!" "너무 길다!"

2024년 3월 3일, '(가칭)조국신당'이 가칭을 떼고 '조국혁신당'으로 정식 이름을 내걸고 출범했다. 이날 일산 킨텍스 그랜드볼룸에서 열린 조국혁신당 중앙당 창당대회에는 약 3,000여 명의 참가자들이 모여 성황을 이루었다. 준비된 좌석 1,500개를 넘어 통로와 벽, 행사장 앞 로비까지 당원들의 참여 열기가 뜨거웠다. 조국혁신당에 거는 기대를 짐작할 수 있는 대목이다.

조국 인재영입위원장이 제안한 구호는 이제 시대의 구호가 되었다. 한 여성 참가자가 일어나 "3년은!"이라고 선창하자 거대한 회의장을 가득 메운 참석자들이 일제히 "너무 길다!"라고 외치기를 10여 회 반

복했다. 이어 카드뉴스처럼 만든 '리더필름'으로 행사가 시작됐다. 이태원 참사, 엑스포 유치 실패, 양평고속도로, 전쟁 위기, 잼버리 참사, 입틀막, 언론 탄압 등 '고통의 2년'을 회고하는 키워드들이 쏟아지고, '남은 3년', '길어도 너무 길다', '지금 국민에게 필요한 건', '개혁 민주 미래 혁신', '조국을 혁신하자', '누가? 우리가!', '시민이! 국민이!', '연대하고 연합하고', '미래를 위해 행동하자', '조국혁신당'까지 이어지는 짧은 영상이었다. 간결하게 조국혁신당이 마주한 조국 대한민국의 현실과 앞으로 당이 해나가야 할 과제를 압축한 메시지였다.

당의 공식 행사인 만큼 진행자의 안내에 따라 국민의례, 애국가 제창, 순국선열과 민주열사에 대한 묵념이 이어지고, 은우근 공동 창당준비위원장의 경과보고가 있었다. 은 위원장은 광주광역시당 위원장이기도 하며, 2019년 '조국 사태' 당시 조민 씨의 고교 시절 생활기록부가 당시 자유한국당 주광덕 의원을 통해 유출된 사건을 국가인권위에 제소하는 등 '조국 사태'의 문제점을 알리는 노력을 계속해 왔다. 내빈 소개에서는 은우근 위원장을 포함해 세 명의 공동 위원장들(은우근, 김호범, 강미숙), 조국인재영입위원장, 당 공동후원회장을 맡은 조정래 작가, 조정식 민주당 사무총장, 사회민주당 정호진 대표가 일어나 인사했다. 내빈 중 눈여겨봐야 할 사람은 민주당 조정식 사무총장이다. 앞으로 양당의 협력 관계를 기대할 수 있는 대목이다.

창당대회 시작을 기다리는 사람들. 기자들과 당원들로
입추의 여지없이 들어차 있다.

구호를 연호하는 참가자들.

장수에겐 무엇이 필요한가

전투에 나서는 장수에게 필요한 것은 승리를 믿고 기원하는 이가 보태는 뜨거운 격려의 말이다. 조정래 당 후원회장이 그 역할을 맡았다. 장편소설《태백산맥》,《아리랑》,《한강》등으로 잘 알려진 조 작가는 정경심 교수의 1심 판결을 앞두고 재판부에 탄원서를 제출했고, 문재인 대통령 임기 종료를 앞둔 2022년 4월에도 대통령에 사면 탄원서를 보냈다. 그만큼 각별한 인연을 가진노작가가 축하 연설에서 팔순이 넘은 나이라고 믿을 수 없을 정도로 열정적인 축사를 보여주었다. 수천의 당원들 앞에서 연신두 팔을 힘차게 흔들며 격려의 메시지를 보냈다.

6개 시도당 위원장과 간부진 인사.

　　"여러분, 지금 우리는 이 순간부터 한 덩어리로 똘똘 뭉쳐서 선거기간이 끝나는 최후의 순간까지 굳세게, 꿋꿋하게, 힘차게 선거전을 펼쳐서 우리가 사랑하는 우리의 조국을 혁신할 수 있는 역사의 문을 활짝 열어젖히도록 합시다."

　　이어 창당대회를 이끌어 갈 의장으로 대전환포럼의 서왕진 상임대표를 선임하고 창당 선포와 당명 채택 상정이 이어졌다. 당명 채택 과정은 김호범 공동위원장이 맡았다. 가칭 '조국신당'은 2월 24일부터 28일까지 공모로 당명을 제안받았다. 연단에서 김 공동위원장은 '조국민주'/'민주조국', '조국미래'/'미래조국', '우리조국', '조국개혁', '조국혁신' 등이 가장 많이 제안되었고, 그 외 '강한조국', '더강한조국', '나의조국' 등이 있었고, 가장 긴 당명으로는 12자의 '시민이함께하는조국의미래'도 있었다고 소개했다. '바다를포기않는강물처럼', '빼앗긴조국에도봄은온당' 등의 재미있는 제안도 있었다. 김 공동위원장은 이 중 '조국혁신당'을 행사장의 당원들에게 제안하고 의견을 물어 동의를 받았다.

　　다음 차례로 유대영 강령당헌준비위원이 연단에 올라 강령과 당헌 제정을 발표했다. 조국혁신당의 강령 전문은 검찰독재 종식, 민생경제 회복, 사회권 강화와 제7공화국 건설이라는 세 가지 목표를 내세우고 있으며, 이를 실천하기 위한 8개 행동강령이 있다. 위 내용은 조국혁신당 홈페이지에 게시되어 있어 누구나 확인할 수 있다.

정치인이자 투사 조국, 리더 조국의 탄생

창당 행사의 하이라이트는 당 대표 선출이다. 강미숙 공동위원 장이 연단에 올라 당 대표 추천에 나섰다. 강 공동위원장은 수많 은 팬을 보유한 소셜칼럼니스트로, 사회적 문제를 따뜻한 시선 으로 푸는 좋은 글들로 유명하다. 강 공동위원장이 "인재영입위 원장 조국 당원"을 당 대표로 추천하자 청중들은 열화 같은 연호 와 박수로 응답했다. 참석자의 만장일치 합의에 따라 조국 당원 이 당 대표로 선출됐다.

이제 영입위원장 대신 '당 대표' 이름표를 단 조국 대표를 축 하하기 위해 장내의 모든 당원들이 휴대폰 조명을 켰다. 2019년 검찰개혁 촛불집회의 재연이었다. 그 촛불들 사이로 조국 당 대 표가 무대의 중앙에 올랐다. 자신을 응원하던 5년 전 촛불집회에 는 나설 수 없었던 조국 대표가 이제 스스로 길을 나서려 한다.

연단에 오른 당 대표 조국은 더 이상 '학자 조국'이 아니었다. 국민 들에게 비전을 제시하고 행동하는 '정치인 조국'이자, 검찰정권과 맞싸 울 투지에 불타는 '투사 조국'이었다. 그의 발언은 간명하고 명쾌했 다. 마침내 현실 정치에 나서는 그의 단호한 각오가 느껴졌다. 장 내의 당원들이 "조국! 조국!"을 연호할 때 그는 주먹을 들어 힘차 게 흔들며 호응했다. "난생처음 해보는 정당의 대표라는 자리가 주는 책임감으로 무겁다"면서도, "여러분과 함께라면 견디고 이 겨낼 자신이 있다"고 했다.

연단에 올라 당 대표 수락 연설을 하는 조국혁신당 당 대표.

　그래서 조국 대표와 조국혁신당이 추구하는 정치는 무엇일까. 조국 대표는 역시 간명하고 명쾌하게 자신의 정치를 보여주었다. 그는 먼저 윤석열 정권에서 벌어진 참사의 희생자들을 잊지 않았다. 채수근 상병과 이태원 참사 희생자들의 유족을 언급하며 "국가권력의 무책임과 무능으로 고통받는 사람들과 함께 갈 것"이라고 약속했다. 그는 지난 2월 22일 이태원 참사 합동분향소를 찾아 유족들의 피맺힌 호소를 기꺼이 감싸안았던 바 있다.

　이어 정치보복과 언론장악 등 소위 '입틀막', 경제 붕괴, 부자감세 등 윤석열 정권이 망가뜨리고 있는 대한민국의 곳곳을 거명하며 "검찰공화국의 탄생을 막아내지 못한 과오"에 대해 머리 숙여 사과했다. 그 비판과 질책은 자신이 짊어지겠다고 했다. 그리고 윤석열 검찰독재 조기종식을 자신에게 주어진 소명으로 받아들인다고 했다. 그 목표를 이룬 후엔 민주공화국의 회복과 민생 복지 보장을 위한 '제7공화국'을 건설할 것이라고 천명했다.

또한 검찰독재하에서 "정권의 돌격대"로 악용되고 있는 감사원을 행정부에서 국회 소관으로 이관하고 검찰의 독점적 권한도 해체하겠다 공언했다. 이어 교육개혁과 지역균형발전, RE100, 기회균등과 격차 해소, 연구개발비 획기적 증액, 홍범도 장군 흉상 문제와 강제동원 배상 판결도 준수되도록 하고, 전쟁의 위협을 제거하겠다고 했다.

조국의 정치는 사람들 마음에 불을 지피는 정치였다. 그는 "불은 가장 뜨거울 때 파란색"이라며, "우리가 가장 뜨거운 파란 불이 되어 검찰독재정권을 태워버리자"고 외쳤다. 자신이 맨 앞에 서고 또 맨 마지막까지 싸우겠으니 함께해 달라고 했다. 그러면서도 현실적인 정치 감각을 잊지 않았다. 조국 대표는 4월 총선의 전략적 구도에 대해 조국혁신당만 잘되는 선거가 되면 안 된다고 말했다. 검찰독재 심판을 위해서는 전국에서 1:1 심판 구도를 만들어야 한다며, 생각에 차이가 있더라도 연대하고 힘을 합쳐야 한다고 했다. 이간질과 갈라치기에 넘어가지 말자는 당부도 전했다.

지난 5년간 함께해 온 동지들과의 만남

행사 입장은 1시 30분부터였지만 12시부터 전국 각지에서 온 당원들이 속속 도착했다. 대기하는 사람이 너무 많아지자 1시부터 현장 입장을 허용했다. 지방에서 오신 분들뿐만 아니라 멀리 해외에서 오신 분들까지 있었다.

자원봉사자의 말에 따르면 참석한 당원들에게 출입증을 대체할 배지를 나눠주었는데, 배지는 1시 30분경부터 동이 났고 2시가 다 되어서는 이미 현장이 꽉 차서 출입을 통제하며 정리되는 대로 조금씩 나누어 들여보냈다고 한다. 결국 2시에 맞춰 온 분들은 행사장에 들어가지 못하고 문밖에서 대기하며 영상을 통해 창당대회를 지켜봐야 했다는 것이다.

나는 지난 5년간 이른바 '조국 사태'에 대한 글을 써오며 글을 읽고 응원해 주는 분들을 '시민 동지 여러분'이라고 불렀다. 이제 그 '시민 동지'는 '당원 동지'가 됐다. 그동안 답답함을 표출할 곳 없던 동지들이 같은 공간에서 같은 공기를 호흡하며 희망과 열정을 나누었다. 행사장을 직접 찾아온 3,000여 명의 당원들 외에도 온라인으로 창당대회를 지켜본 사람들까지, 이 많은 '동지'들이 조국표 정치에 거는 기대는 단단하다.

이날 조국혁신당 중앙당 창당대회는 오마이뉴스, MBC, '장윤선의 취재편의점', '스픽스' 등에서 실황 중계를 했다. 당일 밤 자정까지 MBC 40만6천회, 오마이뉴스 31만4천회, '장윤선의 취재편의점' 41만1천회, '스픽스' 4만5천회 조회됐다. 도합 117만6천 명이나 되는 국민들이 전국 방방곡곡에서 조국혁신당의 창당을 지켜

창당대회를 취재하기 위해 모여든 기자들. 취재 열기가 뜨거웠다.

보고 함께했다. 새로운 정치의 시작을 100만 동지들이 함께한 것이다. 신나고 역동적인 정치가 시작되었다.

조국혁신당
대표 수락 연설문
(2024. 03. 03)

사랑하고 존경하는 당원 동지 여러분.

반갑습니다. 조국입니다. 여기까지 오시느라 힘들진 않으셨나요? 멀리 부산·울산에서, 광주·전남에서 휴일에 새벽부터 먼 길 와주신 동지 여러분 고맙습니다. 우리 모두를 위해 박수 한 번 칠까요?

남녘에 매화가 만개했다고 합니다만, 아직 여기 날씨는 쌀쌀합니다. 하지만 여기 모이신 당원 동지 여러분의 열정이 우리의 마음과 몸을 녹이는 것 같습니다. 여러분과 함께여서 기쁩니다. 뿌듯합니다. 행복합니다. 여러분도 그러시죠?

지난 2월 13일 창당을 선언하고 20일 만에 중앙당을 창당하게 되었습니다. 짧은 기간 정신없이 달려왔습니다.

많은 분들이 도와주셨습니다. 함께해 주셔서 정말 감사합니다. 어려운 결단을 하시고 창당준비위원장을 맡아주신 은우근 교수님, 김호범 교수님, 강미숙 작가님, 그리고 후원회장을 맡아주신 조정래 작가님과 문성근 배우님. 대단히 고맙습니다.

사랑하고 존경하는 국민 여러분, 그리고 당원 동지 여러분. 생애 처음으로 당원이 되고, 생애 처음으로 새로운 정당을 만들기 위해, 우리는 이 자리에 모였습니다. 부족한 경험과 짧은 시간이었지만, 반드시 해내겠다는 열정과 동지애 하나로 달리고 달려 지금까지 왔습니다. 그리고 우리는 해냈습니다!

우리 당은 500명이 넘는 시민들의 당명 제안을 통해 '조국혁신당'을 우리 당명으로 채택하게 되었음을 보고드립니다. 그리고 '조국혁신당'은 6개의 시도당 5만 명이 넘는 당원들과 함께 중앙당을 창당하게 되었음을 국민 여러분들께 보고드립니다. 강물이 흘러 바다로 나아가듯 이 자리에 계신 여러분 한 사람 한 사람 의지와 열정으로 우리는 기적을 만들었습니다. 우리는 좌고우면하지 않고, 지치지 않고, 뚜벅뚜벅 나아갈 것입니다.

사랑하고 존경하는 국민 여러분, 그리고 당원 동지 여러분. 저는 지난 5년간 '무간지옥' 속에 갇혀 있었습니다. 온 가족이 도륙되는 상황을 견뎌야 했습니다. 생살이 뜯기는 것 같았습니다. 찔리고 베인 상처가 깊었지만, 윤석열 정부 집권 후 죄인 된 심정으로 매일 성찰하고 또 성찰했습니다.

제 개인의 수모와 치욕은 견뎌낼 수 있습니다. 그러나 피와 땀으로 지켜온 민주공화국의 가치를 파괴하는 윤석열 정권의 역주행을 더 이상 지켜볼 수가 없었습니다. 그래서 정치 참여를 결심하고 창당을 결심했습니다. 창당 선언 후 동참하는 시민들은 여러 이유를 말씀하십니다. 검찰독재를 조속히 심판하기 위해서, 민생경제의 파탄을 더 이상 두고 볼 수 없어서, 친일 뉴라이트 부류의 득세로 억눌린 민족정기를 바로 잡기 위하여, 남북관계 경색으로 전쟁이 날까 겁이 나서, 또는 조국이 불쌍하고 짠해서. 저 조국, 이 모든 마음을 받아 안으며 '조국혁신당'의 당 대표직을 기꺼이 수행하도록 하겠습니다.

오늘 저의 마음은 기쁘고도 무겁습니다. 여러분과 함께라서 기쁘고, 난생처음 해보는 정당의 대표라는 자리가 주는 책임감으로 무겁습니다. 과연 잘 해낼 수 있을까? 실망을 드리는 것은 아닐까? 앞으로 우리 앞에 닥칠 현실이 만만치 않을 것이기에, 장애물이 겹겹이 놓여 있을 것이기에, 고민이 많고 마음이 무겁습니다. 하지만 여러분과 함께라면 견디고 이겨낼 자신이 있습니다. 여러분, 함께해 주실 거죠?

사랑하고 존경하는 국민 여러분, 그리고 당원 동지 여러분.
저는 지난 2월 22일 이태원 참사 합동분향소를 찾아 참배하고 유가족들을 만났습니다. 가슴속에 맺힌 피눈물을 보았습니다. 자식들 죽음의 진상을 밝혀달라, 정부가 우리의 호소를 한 번이라도 들어달라는 호소였습니다. 폭우 속에 대민지원을 나간 수근이는 구명조끼도 입지 못하고 급류에 휘말려 사망하였습니다. 그는 한 집안의 장손이고 외동아들인 스무 살의 꽃다운 청년, 고 채수근 상병입니다. 그러나 채 상병이 어떻게 죽었는지 사건을 수사하던 박정훈 대령은 항명죄로 해임당하고 기소되었습니다.

윤석열 대통령은 유가족들의 처절한 호소를 외면했습니다. 국회에서 이태원 특별법이 만들어졌지만, 윤 대통령은 거부권을 행사하였습니다. 군대 보낸 외동아들의 죽음에 "이것은 살인입니다"라고 울부짖던 아버지의 절규에 정부는 답이 없습니다. 사건을 은폐하는 데 급급합니다.

서울 한복판에서 아무 잘못도 없는 159명이 목숨을 잃고, 군대 간 우리 자식이 죽었는데도 어떻게 죽었는지 왜 죽어야 했는지 모릅니다. 이 참담한 사태에 윤석열 정권의 누구도 사과하지 않았고 책임지지 않았습니다. 여기에 정부가 어디 있었습니까. 국가가 어디 있었습니까. '조국혁신당'은 이분들처럼 국가권력의 무책임과 무능으로 고통받는 사람들과 함께 갈 것입니다.

앞으로 윤석열 정권이 남은 임기 3년 동안 도대체 무슨 짓을 할지 모릅니다. 대한민국을 어디까지 망가뜨릴지 상상이 되질 않습니다. 이대로 두고서는 대한민국의 미래는 없습니다. 국민 여러분, 한번 생각해 보십시오. 윤석열 대통령이 집권하고 한 일은 '정치보복'밖에 없었습니다. 자고 나면 뉴스에 검찰의 압수수색 보도, 감사원의 감사 보도가 나왔습니다. 엄격하게 정치적 중립을 지켜야 할 검찰과 감사원은 '정권의 돌격대'가 되었습니다.

윤석열 정권은 비판적인 언론에 대해 고소 고발을 남발하고 있습니다. '바이든'이 맞는지 '날리면'이 맞는지 온 국민을 상대로 청력 테스트를 하고 있습니다. 반면 대통령 가족과 정부 핵심 관계자들의 비리 의혹에는 침묵하거나 비호하고 있습니다. 대통령 경호실은 국정기조를 바꾸라는 국회의원과 R&D 예산 축소에 항의하는 카이스트 학생의 입을 틀어막고 사지를 들어 끌어냈습니다.

경제는 처참하게 무너지고 있습니다. 중동 석유파동 위기, 외환위기, 2007~2008년 글로벌 금융위기 때를 제외하고는, 우리나라가 경제개발계획을 세운 이래 50여 년 중 최저입니다. 심지어 코로나19 팬데믹 때보다 성장률이 더 낮아졌습니다. 대기업, 중소기업, 정규직, 비정규직을 불문하고 실질임금이 감소했습니다. 높은 금리와 치솟는 물가로 서민의 고통은 커져만 가고 있습니다. 고물가로 식당 김치찌개, 칼국수 1만 원 시대가 열렸습니다. 빚을 빚으로 막는 다중채무자 수도 450만 명으로 역대 최고 수준입니다.

우리 국민은 2년 전보다 가난해졌습니다. 그럼에도 윤석열 정부는 부자 감세 정책을 폅니다. 경제가 무너지고 서민의 삶이 나락으로 내몰리고 있습니다. 표현의 자유, 언론의 자유, 정치적 기본권이 위협받고 있습니다. 한마디로 답이 없는 정권입니다. 무능한 정권입니다.

사랑하고 존경하는 국민 여러분, 문재인 정부의 검찰개혁의 책임자로서 정치검사들의 준동을 막지 못하고 검찰공화국의 탄생을 막아내지 못한 과오에 대해 국민 여러분들께 다시한번 머리 숙여 사과드립니다. 그런 저를 향한 비판과 비난, 질책은 오롯이 제가 짊어지고 가겠습니다. 그래서 저 조국은, 결자해지의 심정으로, 윤석열 검찰독재정권을 하루빨리 종식시켜야 하는 소명이 운명적으로 주어졌다고 생각합니다. 저는 돌아갈 다리를 불살랐습니다. '조국혁신당'의 당면 목표는 분명합니다. 검찰독재의 조기종식과 민주공화국의 가치 회복입니다. 검찰독재를 끝낸 후 민생과 복지가 보장되는 '제7공화국'을 만드는 것입니다.

존경하는 당원 동지 여러분. 정치권과 보수언론에서 '조국의 강'을 얘기하고 있습니다. 동지 여러분들께 묻겠습니다. 대한민국의 앞길을 가로막고 있는 방해물이 조국입니까? 민주진보 세력의 앞길을 가로막고 있는 강이 조국입니까? 저는 분명히 말씀드립니다. 우리가 건너야 할 강은 '검찰독재의 강'이고 '윤석열의 강'입니다.

'조국혁신당'은 오물로 뒤덮인 '윤석열의 강'을 건너, 검찰독재를 조기에 종식하고 새로운 조국을 만들어 갈 비전과 정책을 제시할 것입니다.

'조국혁신당'은 대한민국 공동체가, 민주개혁 세력이, '윤석열의 강', '검찰독재의 강'을 건너갈 때 필요한 튼튼한 '뗏목' 입니다. '윤석열의 강', '검찰독재의 강'을 건너갈 때 쓸 수 있는 성능 좋은 '수륙 양용차'입니다.

'조국혁신당'은 검찰독재를 종식시키기 위해 가장 앞장서 싸우겠습니다. 작지만 강력한 야당, 선명한 야당이 되겠습니다. 윤석열 정권을 깨뜨리는 '쇄빙선'이 되겠습니다. 민주진보 세력을 앞에서 이끄는 '예인선'이 되겠습니다. 그리고 민주진보 세력의 승리를 위해 연대하는 정당이 되겠습니다. 대한민국 혁신을 위해 치열하게 고민하고 대안을 제시하는 정책정당이 되겠습니다.

'조국혁신당'은 감사원을 국회로 이관하고, 통제받지 않는 검찰의 독점적 권한을 해체하겠습니다. 인구 소멸, 지방 소멸의 시대에 교육개혁과 지역균형발전을 동시에 추진하겠습니다. RE100 등 에너지 대전환 시대에 맞는 지속가능한 성장 전략을 제시하고 기회균등과 격차 해소에 전력을 다할 것입니다. 과학기술 연구개발비를 획기적으로 늘리고 과학 정책을 과학기술자들이 주도하도록 만들겠습니다. 육군사관학교 안에 있는 홍범도 장군의 흉상이 1센티미터도 이동하지 않도록, 그리고 대법원의 강제동원 배상 판결이 준수되도록 싸우겠습니다.

전쟁의 위협을 제거하고 동북아 평화와 남북평화협력 체제 구축을 위해 행동하겠습니다.

존경하는 국민 여러분, 그리고 당원 동지 여러분. 근래 이번 선거가 어려워졌다는 말이 들립니다. 검찰독재정권을 심판하고 민주진보 세력이 압승할 수 있는 선거였는데, 패배할 수도 있다는 말이 들립니다. 당원 동지 여러분, 비관하지 맙시다. 대신 이제 우리가 바람이 됩시다. 우리 '조국혁신당'이 바람을 일으키면, 국민들이 심판의 태풍을 만들어 주실 것입니다.

당원 동지 여러분, 우리가 검찰독재정권 심판과 조기종식의 불길을 일으킵시다. 불은 가장 뜨거울 때 파란색이 됩니다. 우리가 가장 뜨거운 파란 불이 되어 검찰독재정권을 태워버립시다. 저부터 파란 불 하나가 되겠습니다.

저 조국은 '조국혁신당'의 대표로 국민들과 함께 검찰독재정권 조기종식을 위해 맨 앞에서 서서, 맨 마지막까지 싸우겠습니다. 당원 동지 여러분 함께해 주시겠습니까?

이제 우리는 4월 10일까지 치열한 선거전에 돌입할 것입니다. '조국혁신당'만 잘되는 선거는 안 됩니다. 전국에서 1:1 심판 구도를 만들어 내고 검찰독재 심판을 위해 힘을 모읍시다. 생각에 차이가 있더라도, 윤석열 검찰독재정권의 종식을 위해 연대하고 힘을 합쳐야 합니다. 이간질과 갈라치기에 넘어가지 맙시다. 그리고 주변 모든 분들이 4월 10일 투표장에 나가도록 권유하고 설득합시다.

우리 오늘은 창당대회를 마치고 헤어지지만, 전국 각지에서 바람이 되고 불씨가 됩시다. 4·10 총선까지 신발 끈 조여 매고 더 뜁시다. 손에 손을 잡고, 어깨에 어깨를 걸고, '윤석열의 강', '검찰독재의 강'을 건넙시다. 4월 10일 국민 여러분께 승리를 보고드릴 수 있도록 거침없이 달려갑시다. 당원 동지 여러분, 우리는 승리할 것입니다!

당원 동지 여러분, 마지막으로 다 같이 힘차게 구호를 외쳐봅시다. 카드뉴스로 소개되었고, 여기 창당대회 장소에 걸려있는 우리 당의 슬로건을 보아주십시오. 제가 앞 단어를 선창하면, 뒷 구절을 외쳐주십시오.

"3년은 너무 길다!"

"조국을 혁신하자!"

"시민이 행동한다!"

감사합니다.

조국 대표와 이재명 대표의 만남, 총선 승리 위한 협력 약속

(2024. 03. 05)

　더불어민주당 이재명 대표와 조국혁신당 조국 대표가 3월 5일 국회에서 만나 "윤석열 정권의 조기종식과 총선 승리를 위해 협력하자"고 약속했다. 두 사람의 만남은 3월 3일 조국혁신당 창당대회에서 당 대표로 선출된 조국 대표가 서울 여의도 국회에 있는 이재명 대표를 방문하면서 이루어졌다. 이 대표와 조 대표는 이날 국회 본관 민주당 당 대표 회의실에서 만남을 가졌다. 민주당에서는 이 대표와 천준호 당 대표 비서실장이 참석했고, 조국혁신당에서는 조 대표와 신장식 대변인이 참석했다.

　조 대표는 "민주당은 오랜 역사와 전통을 가지고 있는 민주 정당이고 조국혁신당은 이제 막 출범한 신생 정당"이라며 "윤석열 정권과 검찰독재를 조기종식시키고 총선 승리를 위해 양당이 협력해야 한다"고 주장했다.

　또한 조 대표는 "민주당은 넓은 길거리로 나가 윤석열 정권에 실망한 중도표와 합리적 보수표까지 끌어와 승리하길 바란다"며 "이렇게 연대해야 우리는 4월 총선에서 '윤석열의 강', '검찰독재의 강'을 건널 수 있다"고 주장했다. 이어 "민주당과 조국혁신당은 현재 대한민국의 질곡(桎梏)을 함께 헤쳐나가야 할 동지"라고 강조했다.

이 대표는 "조국 대표님을 환영한다"며 "우리 모두에게 주어진 과제는 동일하다. 윤석열 정권의 폭정을 종식하고, 또 심판하고 우리 국민들께 희망을 드리는 것"이라고 했다. 또한 "이번 총선에서 윤석열 정권에 반대하는, 윤석열 정권을 심판하고자 하는 모든 정치세력이 힘을 합쳐야 한다. 그중에 조국혁신당이 함께 있다"며 "나라의 미래가 어떻게 될지 우려되는 이 한심한 현실을 반드시 고쳐야 한다"고 강조했다.

이 대표는 "모든 책임은 2년도 안 되는 이 짧은 시간에 대한민국을 극단적으로 퇴행시킨 윤석열 정권에게 있다"고 질타하며 "모두가 단결하고, 하나의 전선에 모여서 윤석열 정권의 폭정을 끝내는 국민적 과제에 함께하기를 기대한다"고 말했다.

두 대표는 공개 발언 이후 10분간 추가 비공개 면담을 진행했다. 이 자리에 배석한 조 대표 측 신장식 대변인은 "이 대표가 조 대표의 건강과 가족 안위를 많이 걱정해 주셨다"며 "연대와 협력을 통해 4월 총선에서 같이 승리하자고 말했다"고 기자들에게 전했다. 또 신 대변인은 "조 대표는 본진이 적진을 포위하는 학익진을 언급하며 총선 연대와 협력을 강조했다"고 밝혔다.

2024.03.07 | 성수동 헤이그라운드 ESC 사무실 | 박지훈

과학정책은 과학자들이 주도해야 한다

변화를 꿈꾸는 과학기술인 네트워크 간담

정부 예산 삭감으로 한파를 맞은 과학기술계의 현실

3월 7일 저녁, 과학기술인 단체 ESC(변화를 꿈꾸는 과학기술인 네트워크) 간담회가 서울 성수동 헤이그라운드에 소재한 ESC 사무실에서 진행됐다. 카이스트 졸업식에 참석한 윤석열 대통령에게 '연구개발 예산을 복원하라'는 요구사항을 외치던 졸업생이 입이 틀어막히고 사지가 들려 내쫓긴 것이 불과 20여 일 전인 2월 16일의 일이다. R&D 예산을 삭감한 사실 외에도 윤석열 정권이 과학기술인들을 대하는 자세에 대해 심각한 우려가 제기되는 상황에서 열린 행사였다.

이날 간담회에는 조국혁신당에서 조국 대표와 영입인재

2호 이해민 씨가 참석했고, ESC 측에서는 ESC 김찬현 대표와 여러 과학기술 연구자들, 그리고 조국 대표가 주도했던 리셋코리아행동(현 미래정책행동) 세미나에서 강연한 바 있는 서울시립대의 입자물리학자 박인규 교수도 참석했다. 박 교수는 ESC의 이사직을 맡고 있기도 하다.

한빛미디어 박태웅 의장의 사회로 시작된 행사에서 조국 대표의 인사말이 흘러나왔다. 그는 "과학기술 분야에서는 예산 편성에서 과학자들의 판단이 반영되어야" 한다며, "단기 프로젝트가 아니라 사람을 키우는 것이 목적이어야 한다"고 말했다. 또한 조국혁신당이 강령 제7조에서부터 "과학정책은 과학자들이 주도해야" 한다고 명시적으로 규정한 점을 알렸다.

평생을 법학자로 살아왔던 조 대표는 인사말에서 '문송합니다'라는 유행어로 재치 있게 양해를 구하고, 이후 함께 자리한 과학기술자들의 논의에 귀를 기울이며 전반적인 상황을 파악하고 공감하려 노력하는 모습이 역력했다.

이어진 조국혁신당 이해민 '모두의 미래 과학과기술특별위원회' 위원장은 인사말에서 자신은 고등학생 때부터 수학과 생물, 화학을 특별히 좋아했고 《과학동아》 같은 과학 잡지를 탐독했다고 소개했다. 그는 미국 구글 본사 시니어 프로덕트 매니저로 일해오다 인재영입식 전날 귀국해 조국혁신당에 합류한 과학기술 분야 최고의 인재다.

서울 성수동에서 열린 ESC 간담회 현장.

박태웅 의장이 3월 1일에 발표된 ESC 성명서를 읽고 있다.

이해민 위원장은 "대한민국의 과학기술 분야는 지금껏 단 한 번도 뒤로 가지 않고 꾸역꾸역 오르막길을 올라왔다"면서, 지금까지의 동력들이 사라지면 그 자리에 멈추는 것이 아니라 후진하게 되고, 그것을 빨리 멈춰 세울수록 비용이 적게 든다는 점을 인지하고 있기에 창당 직후 서둘러 귀국했다고 밝혔다.

과학기술계를 대표해 인사말에 나선 ESC 김찬현 대표는 ESC, 즉 '변화를 꿈꾸는 과학기술인 네트워크'가 더 나은 과학과 더 나은 세상을 함께 추구하는 모임이며 2016년 발족해 500여 명 이상의 과학기술 연구자들이 활동하고 있다고 소개했다.

본격적인 토론에 앞서 발제에 나선 박인규 교수는 예산 삭감으로 난데없는 한파를 맞은 과학기술계의 현실을 자신도 겪고 있다고 소개해 참석자들의 주목을 받았다. 자신의 연구실도 올해 연구비 삭감으로 여러 엔지니어와 대학원생을 떠나보냈고, 남은 대학원생들의 인건비도 일괄 삭감해야 했다는 것이다. 지도교수가 학생을 내보낼 때의 심정이 마치 돈이 없어 자식을 학교에 보내지 못하는 부모의 마음과 비슷하게 느껴졌다고도 했다.

또한 미국이 현재 AI, 자율주행 등 거의 모든 과학기술 분야에서 앞서나가는 이유는 미국의 STEM(Science, Technology, Engineering, Mathematics) 인재 양성 정책 덕분인데, 우리나라의 정책은 STEM보다 취업률만을 집중적으로 강조하면서 단순 제조업 위주를 벗어나지 못하고 있다고 지적했다. 이와 관련된 또 다른 문제로, 실력이 우수한 학생들이 과거 인기를 끌던 과학기술 관련 학과들 대신 의대로 쏠리는 현상에도 우려를 표했다. 과학기술자들에 대한 안정적 미래 보장이 필요하다는 것이다.

　이어 마이크를 넘겨받은 경희대 물리학과 박용섭 교수도 박인규 교수의 의견에 동의를 표했다. 심지어 학부모들 사이에서는 "물리학자들은 밥 굶는다"라든가 "(반도체 회사) S사를 가면 결혼을 할 수 있다"라는 인식까지 퍼져 있는 상태라고 토로했다. 이런 상황에서 인센티브 구조가 바뀌지 않는다면 누가 과학기술 연구에 미래를 걸겠느냐는 취지다.

　다음으로 마이크를 넘겨받은 사람은 앞서 발제를 한 박인규 교수의 연구실에서 일하고 있는 전현우 박사로, 월급이 삭감된 당사자였다. 이 상황에서 누굴 욕해야 할지 모르겠다면서, 박사과정을 끝낸 후 직장을 잡을 때까지 '죽음의 계곡'을 지나야 하는데 그 시기를 정부가 받쳐줘야 한다는 의견을 내놓았다. 이에 조국혁신당 이해민 위원장도 동의하면서 자신이 미국에서 경험했던 상반된 사례를 거론하기도 했다. 실적 뒷받침이 부족한 청년 과학자를 끌어올리기 위해 제도적 장치가 필요하다는 것이다.

　정치적 이익을 위해 과학기술계를 함부로 대하는 윤석열 정부 이후 줄줄이 터져 나온 사례들은 일반인들이 흔히 상상하는 것보다 훨씬 심각했다. 윤석열 정부는 경쟁으로 연구 열기를 더 고

취하려는 취지라고 말했지만, 한국물리학회의 경우 연구비가 부족해 발표 인원을 확보할 수 없어 마감이 계속 밀리고 있다. 경쟁을 유도한다는 명분이 실제로는 경쟁을 시도하는 싹조차 꺾는 결과로 이어진 것이다.

원래는 한 개의 연구만 해도 됐던 연구원이 이제는 서너 개를 진행해야 되고, 신규 연구의 지원서를 쓰고 따내느라 기존 연구는 제대로 진행하지 못하기도 한단다. 몇 천에서 몇 억 원씩 하는 연구 장비도 원래는 연구사업에서 따낸 연구비로 사는 경우가 일반적이었는데, 이젠 대출로 구입해 연구실 차원에서 빚을 갚아나가야 하는 상황까지 내몰렸다.

윤석열 정부에서는 'R&D 카르텔'을 거론하며 문제 삼았지만, 이렇게 상황을 급격하게 뒤집으면서 오히려 일부 카르텔이 전보다 더 이득을 볼 수 있다는 중요한 지적도 있었다. 섣부른 접근으로 오히려 카르텔이 더 강화될 수 있는 역설적인 상황인 것이다. 정부가 정치적 이익을 위해 과학기술계를 너무 쉽게 건드린다는 지적도 있었다.

이 자리에 참석한 한 교수는 이번 삭감으로 과학기술계 전반이 상처를 받았다고 했다. 정부가 과학자에게 주는 연구비를 '시혜'로 여기는 것 같다면서, 그런 국가 시혜를 받지 않기 위해 이제 대학원생이 나가면 더 받지 않으려 한다는 한 저명한 물리학과 교수의 토로까지 있었다. 과학을 계속한다는 것이 불안정한 일이라면 물리학 연구 지망생들에게 물리학을 권할 수조차 없다고 했다. 이렇게 연구 기반이 무너지면 복구에 오랜 시간이 걸리고, 올해 줄어든 예산을 내년에 주는 것으로 해결되는 문제도 아니라고 설명했다.

조국 대표는 자신의 전공이 법과 제도라면서, 정치를 하겠다고 결심한 이유 중 하나가 국회에서 법으로 제도를 만들 수 있는 권한 때문이라고 했다. '미로 속의 쥐'도 칸막이 위치를 바꾸면 다르게 움직인다며, 대통령 한 사람의 잘못된 지시로 모든 것이 뒤집어지는 문제를 바로잡기 위해서는 대통령이 마음대로 할 수 없도록 정밀한 법과 제도를 만들어 대통령의 결정권을 제한해야 한다고 설명했다.

이해민 위원장도 이런 조 대표의 발언 취지를 이어받았다. 회사에 비유하자면 조직을 잘 운영하는 특정한 사람에게 의존할 것이 아니라 '시스템'이 만들어져야 한다면서, 과학기술 관련 제도들도 그래야 한다고 강조했다. 규제는 최소화하면서 동시에 시스템적으로 굉장히 세밀하고 비가역적인 제도를 만들어야 한다는 것이다.

1부 순서를 마치고 자리에서 일어나기에 앞서, 조 대표의 마지막 발언이 있었다. 조 대표는 상황의 심각성은 언론 기사 등으로 봤지만 실제 육성을 듣고 싶어 왔다고 말했다. 이때까지 우리나라에서 사회의 중요 결정은 정치인이 하고 과학기술자는 연구만 열심히 하면 된다고 생각했다며, 그동안은 별 문제 없이 돌아가는 것 같아

1부 마무리 발언을 하는 조국 대표.

큰 관심을 두지 않았다는 속마음도 밝혔다. 사회운동으로 세상을 변화시키려면 그 출발은 피해를 받은 당사자가 목소리를 내고 직접 나서는 것에서 시작되어야 한다고 강조하기도 했다. 과학기술자들이 함께 나서야 한다는 것이다. 당사자들이 구체적인 개선 방법을 알려주면 조 대표가 그것을 정치로 구현하는 통로가 되겠다고 약속하기도 했다.

　저녁 7시 30분에 시작한 이날 행사는 9시가 다 되어서야 1부가 끝났다. 조국 대표가 떠난 뒤에는 이해민 위원장 단독 주관으로 비공개 간담회가 이어졌다. 2부에서는 더욱 밀도 있고 허심탄회한 의견 토로가 이루어졌을 것은 말할 필요도 없을 것이다.

　　조국 대표는 이날 간담회에서 유일한 과학기술 '문외한'이었다. 그는 그런 점을 솔직히 인정하고, 시종일관 깊은 관심의 자세로 주요 문제점들을 쉴 새 없이 받아쓰며 장시간 조금의 흔들림도 없이 연구자들의 말을 경청했다. 기술적인 설명은 이해하지 못해도 참석자들이 현재 겪어내고 있는 고통스러운 상황에는 절절히 공감한 것으로 보였다. 이런 노력으로 이해의 폭을 크게 넓혔으리라고 충분히 짐작할 수 있었다.

봉하마을 방명록에 새긴
노무현 대통령 정신의 계승

노무현 대통령 추모와 경남도당 창당대회

봉하마을 방문과 기자 간담회 개최

1년에 꼭 한 번은 찾게 되는 봉하마을. 그곳에 가면 누군가 입구에서 "사람 사는 세상에 오신 걸 환영합니다"라고 인사할 것만 같다. 그래서 행복이 스며들고 눈에 보이는 모든 게 정겹게 느껴진다.

지난 2월 12일, 항소심 재판을 마친 조국 대표는 가장 먼저 봉하마을을 찾았다. 피할 수 없는 운명의 길로 향하는 첫걸음이었다. 그는 노무현 대통령 묘역을 참배한 후 단호한 어조로 앞날에 대한 계획을 밝혔다. "무도하고 무능한 윤석열 검찰독재정권의 조기종식과 민주공화국 가치를 회복하기 위한 불쏘시개가 되겠습니다."

그 후로 한 달이 지난 3월 10일 오후, 조국 대표는 다시 봉하마을을 찾았다. 이번엔 혼자가 아니었다. 그의 곁에 조국혁신당 영입인재들이 동행하고 있었다. 노무현 기념관 앞에는 밀짚모자를 쓴 지지자들이 조국 대표를 맞이할 준비를 하고 있었다. 손에 들 피켓을 직접 만들어 가져온 지지자들도 여럿 보였다.

기다리던 조국 대표가 모습을 보이자 누군가 "조국! 조국!" 선창을 했고, "3년은 너무 길다"는 외침이 울려 퍼지기 시작했다. 이내 소리를 들은 방문객들이 모여들었다. 순식간에 수많은 인파에 둘러싸인 조국 대표는 한 지지자가 든 피켓을 보고 "우리 당의 의제가 명확히 드러나 있다"며 고개 숙여 고마움을 표했다. 피켓에는 "민주당은 좋겠다. 조국혁신당이 있어서"라고 쓰여 있었다.

예정된 일정이 지연된 듯 조국 대표는 바삐 움직였다. 조 대표가 권양숙 여사를 예방하러 사저 안에 들어가자 취재진들은 바깥에서 대기하며 결과를 기다렸다. 지나가던 방문객들이 방송 카메라가 왜 이렇게 많은지 궁금해하자 지지자들이 조국 대표가 와 있다고 알렸다. 그 소식을 듣고 현장을 떠나지 않고 조국 대표를 보려고 기다리는 방문객들이 늘어나기 시작했다.

지지자들은 이 상황을 놓치지 않았다. '검찰독재 조기종식'이라 쓰인 피켓을 나눠주며 조국혁신당을 홍보하고 당원을 모집하기 위해 힘을 쏟는 모습이었다. 30분 정도 지나자 조국 대표가 나왔고, 예정되어 있던 기자 간담회가 시작되었다. 이날은 인사

시민들과 취재진에 둘러싸인 조국 대표.

봉하마을 봉하연수원에서 기자 간담회를 하는 조국 대표.

말 외엔 특별한 발언 없이 기자들 질의에 답하는 방식으로 진행
되었다.

기자들의 궁금증은 당연하게도 "권양숙 여사와 어떤 이야기
를 나누었는지"에 쏠렸다. 조국 대표의 발언을 요약하자면, 장관
후보 시절에 뵈러 온 후 5년 만에 다시 뵈었는데 그간 있었던 일
에 대해 위로의 말씀을 해주셨다고 했다. 그리고 조국혁신당이
국민의 관심과 지지를 얻어 다행이라며 민주당과 잘 협력하면
서로 상승효과를 낼 것 같다는 기대감도 표현하셨다고 했다.

그동안 조국 대표가 연설과 기자회견을 할 때마다 터져 나온 직
격탄은 이번에는 '조선일보'로 향했다. 조선일보는 전두환 정권 이전에
어떤 일을 했는지 스스로를 돌아보라는 일침이었다. 전두환 군사독재
시절에 어떤 찬양과 아부와 온갖 범죄행위를 일삼았는지, 그럼에도 불
구하고 왜 처벌을 받지 않았는지…. 이 강단 있고 결기 있는 발언에
지지자들은 속이 뻥 뚫리는 것 같다는 반응을 보였다.

노무현 대통령 묘역 참배와 부·울·경 메가시티의 부활 선언
조국 대표는 봉하마을에서의 마지막 일정으로 영입인재들과 함
께 노무현 대통령 묘역 앞에 섰다. 대한민국 16대 대통령 노무현
을 추모하는 참배의 시간이었다. 2009년 5월 23일 서거했으니
노무현 대통령이 우리 곁을 떠난 지도 15년의 세월이 흘렀다.

"화장해라. 집 가까운 데 아주 작은 비석 하나만 남겨라"는

노무현 대통령 묘소 앞에 선 조국 대표와 당 관계자들.

고인의 뜻에 따라 수원 연화장에서 화장 후 고향인 이곳 봉하마을에 있는 생가와 가까운 곳에 모셨다. '넓고 평평하다'는 뜻의 너럭바위가 노무현 대통령께서 말씀하신 비석 역할을 하고 있다.

먼저 조국 대표가 앞으로 나와 헌화대에 국화 한 송이를 바치고 묵념을 했다. 영입인재들의 분향까지 마친 뒤에는 다 같이 노무현 대통령이 잠들어 있는 너럭바위로 이동했다. 묘소를 중심으로 동그랗게 둘러 자리를 잡은 후, 조국 대표는 잠시 눈을 감고 한동안 생각에 잠기는 듯했다.

조국 대표가 어떤 생각에 잠겼는지는 그가 참배를 마친 뒤 방명록에 남긴 글을 보면 짐작할 수 있을 것이다. 처음 방문했을 때 작성한 방명록은 '검찰개혁과 사회경제적 민주화를 위해 헌신하셨던 내 마음속의 영원한 대통령님을 추모합니다. 그 뜻 새기며 걸어가겠습니다'였고, 두 번째 방명록에는 '내 마음속의 영원한 대통령님께서 꾸려던 미완의 과제를 조국혁신당이 이뤄내겠습니다'라고 적었다.

참배를 마치고 나온 조국 대표에게 지지자들의 응원이 계속되었다. 그 가운데 "살아줘서 고맙다"는 말이 귓가에 크게 들려왔다. 조국 대표는 지지자들에게 두 손 모아 외쳤다. "많이 도와주십시오. 저 혼자는 할 수가 없으니 도와주셔야 합니다. 부탁드립니다."

이어서 조국 대표는 영입인재들과 함께 봉하마을 노무현 기념관에서 열린 경남도당 창당대회에 참석했다. 홀을 가득 메우고도 모자라 통로와 앞뒤 빈 공간까지 당원들이 몰려 대성황을 이루었다. 청중들은 '3년은 너무 길다' 등이 써 있는 피켓을 들고 "조국! 조국!"을 연호했다.

연설문에서 조 대표는 "수도권과 지방이 골고루 잘 사는 균형발전 공화국, 지역주의가 더 이상 발붙이지 못하는 정치, 특권과 반칙, 차별 없이 누구에게나 기회가 골고루 보장되는 기회균등의 나라, 노무현 전 대통령이 꿈꾸는 나라를 만드는 것이 조국혁신당의 창당 정신"이라고 밝혔다. 그러면서 "우리 모두가 사랑했고, 존경했던 노 전 대통령이 못다 이룬 그 미완의 꿈을 우리가 이루자"고 외쳤다.

조 대표는 또 "부산·울산·경남 시민들이 경기 김포의 서울

ⓒ조국혁신당

노무현 기념관에서 열린 경남도당 창당대회에서 연설하는 조국 대표.

편입 추진을 보면서 '동남권 메가시티는 안 된다더니 메가서울은 되냐'고 묻는다. 저는 되묻고 싶다. 메가시티가 좌초된 건 전 정부가 추진했던 일이라는 정치적 이유 밖에 또 무엇이 있나"라고 윤석열 정부를 날카롭게 비판했다. "지역에도 사람이 살아야 합니다. 지역에도 돈이 있어야 합니다. 조국혁신당은 부·울·경 메가시티 프로젝트의 부활을 선언합니다. 우리는 할 수 있고 반드시 해야 합니다. 제 오랜 벗이자 동지인 김경수 전 경남도지사가 꿈꾸던 동남권 메가시티를 되살리겠습니다."

이렇게 조국 대표는 부·울·경 메가시티의 부활을 선언했고, 대회장에 모인 시민들은 "와" 하는 환호성과 함께 뜨거운 박수를 보냈다.

마지막으로 조국 대표는 "이번 총선은 조국혁신당만 잘되는 선거가 아니다. 그렇게 돼서도 안 된다"며 "의견 차이가 있더라도 민주당을 포함한 민주진영 전체가 성공하는 선거가 돼야 한다. 국민의 선택은 언제나 위대할 것이라는 걸 믿고 4월 10일을 맞이하자"고 덧붙이며 연설을 마무리했다.

조국혁신당 경남도당
창당 연설 하이라이트.

2024.03.12 | 국회 소통관 | 박지훈

검찰독재정권을 심판할
정의의 칼을 뽑아들다

조국, '한동훈 특검법' 발의 공표

'윤석열 정권의 황태자' 한동훈을 고발하다

3월 12일 국회 소통관에 조국 대표가 나타났다. 창당 선언 이후로 조국 대표가 국회에 모습을 보인 것은 처음이었다. 바로 며칠 전인 3월 8일에 입당한 황운하 의원 덕분에 원내 정당이 되면서 기자회견을 위해 국회 공간을 이용할 수 있게 된 것이다. (국회 소통관 기자회견 예약은 현직 국회의원만이 할 수 있다.) 하지만 조 대표가 무슨 내용으로 기자회견을 하는지는 철저히 비밀에 부쳐졌다. 기자들에게는 사전에 '조국 대표 총선 관련 기자회견'이라고만 공지한 상태였다.

　연단 앞에 선 조 대표는 먼저 이틀 전 호주로 출국한 이종섭

전 국방부 장관의 '해외 도피' 문제로 포문을 열었다. 고위공직자
범죄수사처가 이종섭을 수사하기 위해 걸어놓은 출국금지를 멋
대로 해제해 결국 출국하게 만든 것은 '범인 도피죄'에 해당한다
며, 정권이 핵심 피의자를 도피시킨 일을 규탄했다. 윤석열 대통
령과 조태열 외교부 장관, 박성재 법무부 장관, 심우정 법무부 차
관을 이미 공수처에 고발했다고 밝히기도 했다.

　　하지만 서두에서 제기한 '도주 대사' 문제는 이날 기자회견
의 '애피타이저'에 불과했다. 이어진 '메인 디시' 발표는 듣는 사
람을 화들짝 놀라게 하는 의외의 문제 의식이자, 정권 심판을 애
타게 바라는 시민들에겐 그야말로 통쾌한 선언이었다.

　　"국민 여러분, 검찰독재 조기종식과 사법 정의 실현을 위해 조국
혁신당은 22대 국회 첫 번째 행동으로 '한동훈 특검법'을 발의하겠습니
다. 조국혁신당 1호 특검법 발의입니다. 여러 범죄 의혹에도 불구하고
제대로 된 수사조차 받지 않았던 검찰독재의 황태자, 한동훈 대표가 평
범한 사람들과 같이 공정한 수사를 받도록 하라는 국민의 명령을 받드
는 행동입니다."

　　'한동훈 특검법' 발표는 조국혁신당의 1호 특검법 발의를 약
속하는 것인 동시에 총선 1호 공약이었다. 이날 기자회견 당시까
지 조국 대표와 조국혁신당은 '3년은 너무 길다' 구호로 대표되
는 정권 심판론을 주도하며 총선판에 돌풍을 일으키고 있었는
데, 그 방향성이 구체적인 방안으로 제시된 것은 이 특검법 발표

국회소통관에서 '한동훈 특검법'을 공표하는 조국 대표.
한동훈의 면전에 수사를 선전포고했다.

가 처음이었다. 더욱이 조 대표는 이날 '특검법안을 지금부터 마련하겠다'라는 정도의 정치적 수사에 그친 것이 아니라 법안에서 다룰 내용을 일일이 적시해 발표했다. 조 대표가 이렇게 특검의 수사 범위를 명확하게 규정하면서 제시한 '한동훈 특검법'의 정식 명칭은 '정치검찰의 고발사주 의혹·윤석열 검찰총장 징계 관련 의혹·딸 논문 대필 의혹 사건 규명을 위한 특별검사 임명 등에 관한 법률'이었다.

　　　답답했던 정국을 뒤집은 조국 대표의 서슬 퍼런 선언
윤석열 정권이 집권한 2년 동안 윤석열 대통령의 무능함, 무도함 못지않게 국민들의 짜증과 분노를 일으켰던 것은 '윤 정권 황태자' 한동훈의 행태였다. 한동훈은 정권 출범 직후 법무부 장관에 올라 민주당과 전 정부에 대한 검찰 수사를 지휘한 것으로 강력히 의심되고, 문제를 제기하는 야당을 향해 지켜보는 사람마저 약이 오르게 만드는 특유의 '깐족' 화법으로 대응해 국민들의 공분의 대상을 자처했다.

민주당은 그런 한동훈의 도발에 효과적으로 대응하지 못하고 있었다. 제1야당으로서 윤석열 정권의 각종 전횡들을 앞장서 견제해야 하는데, 매 국면마다 '깐족'거리는 한동훈 위원장이 나타나 막아서면서 스텝이 꼬인 것이다. 이런 **답답한 상황에서 조국 대표가 창당을 선언하고, 정권 조기종식론을 주창하고 나섰다. 바로 이 때부터 국면의 성격이 바뀌기 시작했다. 이날 있었던 '한동훈 특검법'** 발표는 그 통쾌한 행보의 백미였다.

더욱이 이 시점 조국혁신당의 지지율은 여론조사상 이미 20%대가 훌쩍 넘어가고 있었다. 법안 단독 발의를 위해 필요한 의석 10석 확보가 점점 유력해지고 있었으므로, 22대 국회 개원 후 특검법을 발의할 능력이 있음을 의심할 이유가 없었다. 다수당인 민주당이 이 특검법에 반대할 이유도 없으니 '한동훈 특검법'의 현실화는 단지 시간문제였던 것이다.

이러니 아직 공약 단계라고 해도 이 장면을 지켜보는 국민들에게는 '한동훈 특검법'이 발의되고 통과되는 장면이 눈앞에 선하게 그려졌을 것이다. 그만큼 현실성이 선명했기에 이 '한동훈 특검법'은 단순히 선거 공약으로만 느껴지지 않았던 것이다. '한동훈 특검법'은 22대 국회 시작과 함께 당연히 현실화될 확정적 미래다. 지지자든 아니든, 지켜보는 모든 국민이 그것을 느낄 수 있었다.

　이날 조국 대표가 발표한 '한동훈 특검법' 공약이 충격적이었던 또 한 가지 이유는 상대 당 대표를 특검 수사의 대상으로 적시한 전례 없는 일이었기 때문이다. 국회에 들어가면 바로 얼굴을 맞대야 하는 여당의 대표를, 유력 야당 대표로 급부상한 조국이 '특검 수사 대상'으로 몰아붙인 것이다. 한 정당의 대표가 다른 정당의 대표를 수사 대상으로 규정해 정면으로 들이받는 장면은 조국혁신당 등장 이전엔 상상조차 못했던 일이다. 그것도 첫 공식 기자회견에서 말이다.

　조국 대표의 공약은 통상적으로 많이 봐오던 고발, 수사 의뢰, 수사 촉구가 아니다. 그런 행위는 윤석열 정권하에서는 강제성과 실효성이 없다. 윤석열 정권 휘하에 있는 수사기관들이 뭉쳐버리면 그만이기 때문이다. 당장 한동훈 딸의 열한 가지 입시 비리 의혹만 해도 경찰이 전부 '무혐의'로 처리한 바 있다. 또 공수처는 인력과 예산 부족으로 당장 진행 중인 수사에도 허덕이는 상황이다. 그러나 특검법은 다르다. 국회에서 특검법이 통과되면 수사를 강제할 수 있게 된다. 정권의 힘으로 뭉쳐지지 않는다.

　여기에는 과거의 경험과 관련된 또 한 가지 중요한 포인트가 있다. 5년 전 윤석열과 한동훈은 자신들을 직접 지휘할 수 있는 유

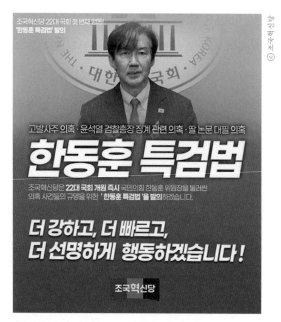

'한동훈 특검법' 발의 후 조국혁신당이 내놓은 카드뉴스.
더 강하고, 빠르고, 선명하게 행동할 것을 강조하고 있다.

일한 상급자였던 법무부 장관 조국을 수사로 옭아매 검찰 지휘권을 무
력화시키고, 정상적인 직무 수행을 못하게 만들었던 바 있다. '한동훈
특검법'은 그런 '조국 사태'에 대한 '안티테제'의 성격이 있다. 한동훈은
유일한 지휘권자를 수사로 무력화시켰던 윤석열 검찰총장의 직
속 수하다. 그렇기 때문에 여당 대표에 대한 존중 따위는 집어치
우고, 입법 권력을 발휘해 그를 수사 대상으로 강제하겠다는 것
이다.

이런 맥락에서 볼 때 이날 조국 대표가 며칠 전에 마련해 둔

당사 기자실이 아닌 국회에서 기자회견을 열어 '한동훈 특검법'을 발표한 것도 강한 경고의 성격을 보여준다. 한동훈의 면전이라고 할 수 있는 국회에서 '너는 수사 대상이다'라고 공식화한 것이다. 이날 조국 대표는 바로 뒤에 이어지는 입당식 행사로 인해 급히 당사로 이동해야 했음에도 시간을 쪼개 국회에서 기자회견을 열었다.

조국이라는 사람은, '조국 사태' 같은 지옥 같은 상황에 내몰려서도 그 자신의 품격을 잃지 않고 절차와 예의, 절도를 철저히 지키는 인물이다. 그 태도가 몸에 완전히 배어 있어 떼려야 뗄 수도 없다. 그런 조국이, 곧 국회에서 '동료 정치인'이 될 상대 당 대표의 이마에 '수사 대상자'라고 단단히 써 붙였다. 조국 대표의 서슬 퍼런 결기를 유감없이 보여주는 장면이었다.

선대위원장 한동훈, 수사 대상으로 전락하다

충격적인 공약 발표였던 만큼 이 소식은 즉각 국내 주요 언론에 기사화됐다. 기자회견이 끝나고 30여 분이 지난 후 관련 기사를 검색하자 '조중동', '한경오'를 비롯해 일반적으로 알려진 사실상 모든 언론사에 '한동훈 특검법' 기사가 실렸다. '한동훈'이라는 이름이 수사 대상으로 대서특필된 것이다.

이때를 기점으로 정권 심판론은 총선판에 제대로 불을 붙였다. '3년은 너무 길다'를 앞세운 조국혁신당의 지지율이 급상승하며 함께 주목받았던 정권 심판 기류는 놀랍도록 선명하고 구체적인 공약 '한동훈 특검법'을 만나 주요 의제로 부상했다. 이로 인해 정권을 심판하고자 하는 민심이 제대로 표출되면서 '한동훈 특검법'이 총선 정국의 최대 화두로 등극한 것이다.

한편, 조국혁신당이 이렇게 강하게 한동훈을 밀어붙임으로써 민주당도 선거 전략 면에서 운신의 폭이 크게 넓어지는 효과를 얻었다. 민주당은 여당 비대위원장인 한동훈보다는 정권의 총책임자인 윤석열 대통령에게 실정의 책임을 묻고 선거 전선을 쳐야 했지만, 한동훈이 전면에 나서 이재명 대표를 연일 공격해대는 바람에 '윤석열 vs 이재명' 구도가 아닌 '한동훈 vs 이재명' 구도로 '격하'되어 버리는 난처한 상황에 처해 있었다.

그런데 이미 여러 날 전부터 한동훈에 대한 문제 제기에 적극적이었던 조국혁신당이 특검법이라는 '핵펀치'를 날린 것이다. 덕분에 한동훈의 정국 주도력이 일거에 약화된 것은 물론이고 '한동훈 vs 이재명'이라는 프레임이 산산조각으로 흩어져 버렸다. 이로써 민주당은 원래 바랐던 '윤석열 vs 이재명' 구도를 복구하고 '정권 심판'이라는 주된 의제로 돌아올 수 있게 됐다. 이재명의 민주당과 조국의 조국혁신당이 윤석열과 한동훈을 각각 분담해 공격하는 '공동전선'이 열린 것이다.

한편 이 특검법의 수사 대상자로 정면 지목된 한동훈은 당일도, 다음 날도, 이후로도 단 한마디의 반응도 내놓지 않았다. 사실상 '원톱' 선

'한동훈 특검법'은 공포 즉시 국내 거의 모든 언론에 기사화되며 화제를 모았다.

대위원장을 맡은 한동훈은 다음 날 하루 종일 칩거하며 기자들을 피하다가 일과 시간이 끝난 저녁이 되어서야 '정국 구상 중'이라는 짤막한 면피성 기사가 나왔을 뿐이다. 조국 대표는 특검법 공약 하나로 선거판의 방향을 뒤집었을 뿐만 아니라 이후 총선까지 국민의힘 수장을 내내 비틀거리게 만들었다.

조국혁신당 대표 조국입니다. 오늘 처음 국회 소통관에서 기자회견을 가지게 되어 뜻깊게 생각합니다. 최근 조국혁신당에 보내주신 뜨거운 성원과 관심에 깊이 감사드립니다. 더 빠르게, 더 강하게, 더 선명하게 행동하겠습니다.

먼저 지난 주말, 윤석열 검찰독재정권의 무도함을 다시 확인하는 일이 일어났습니다. 바로 이종섭 전 장관의 해외 도피입니다. 이종섭 장관은 채수근 상병 사건 은폐 의혹의 핵심 인물로, 출국금지 상태였습니다. 채상병 순직 사건에 대한 진상규명을 위한 수사가 진행 중인 상태에서, 의혹의 핵심 인물인 이종섭 전 장관의 출국금지 해제는 범인 도피죄에 해당됩니다. 이에 조국혁신당은 윤석열 대통령과 조태열 외교부 장관, 박성재 법무부 장관, 심우정 법무부 차관을 공수처에 고발하였습니다.

수사의 핵심 당사자가 백주대낮에 떳떳하게 출국하는 일,

검찰독재정권이기에 가능한 일입니다. 핵심 피의자를 정부가 나서 도피시킴으로써 윗선의 책임을 은폐하겠다는 무도한 행태입니다. 조국혁신당은 즉각 고발장을 접수하였으며, 끝까지 진상을 밝혀 법적 책임을 묻겠다는 점, 다시 한번 분명히 말씀드립니다.

국민 여러분, 검찰독재 조기종식과 사법정의 실현을 위해 조국혁신당은 22대 국회 첫 번째 행동으로 '한동훈 특검법'을 발의하겠습니다. 조국혁신당 1호 특검법 발의입니다.

여러 범죄 의혹에도 불구하고 제대로 된 수사조차 받지 않았던 검찰독재의 황태자, 한동훈 대표가 평범한 사람들과 같이 공정한 수사를 받도록 하라는 국민의 명령을 받드는 행동입니다. 국민 여러분이 아시다시피, 한동훈 대표에 대한 특검 사유는 차고 넘칩니다. 조국혁신당은 22대 국회 개원 즉시 '정치 검찰의 고발사주 의혹, 윤석열 검찰총장 징계 관련 의혹, 딸 논문 대필 의혹 사건 규명을 위한 특별검사 임명 등에 관한 법률', 이른바 '한동훈 특검법'을 발의하고자 합니다.

특별검사의 수사 대상은,

첫째, 손준성·김웅 등이 윤석열·한동훈의 지시를 받아 유시민·최강욱·뉴스타파 기자 등을 피고발인으로 하여 제기한 고발사주 의혹에 대한 공무상비밀누설, 공직선거법위반 등의 사건.

둘째, 윤석열 총장 정직 2월 징계취소 소송에서 정당한 사유 없이 대리인을 교체하여 항소심 패소를 초래하고, 나아가 윤석열 대통령의 이익을 위하여 상고를 포기하였다는 의혹에 대한 직권남용 및 직무유기 등의 사건.

셋째, 한동훈의 딸 알렉스 한 논문 대필, 해외 웹사이트 에세이 표절, 봉사활동 시간을 2만 시간으로 부풀려 봉사상 등 수상, 전문 개발자가 제작한 앱을 직접 제작한 것처럼 제출 등을 실행했다는 의혹에 관한 업무방해죄 등 사건.

넷째, 앞선 세 가지 의혹 등과 관련된 수사과정에서 인지된 관련 사건 등입니다.

법은 누구에게나 공평해야 합니다. 특히 검사 출신 대통령이라고 하여, 검사 출신 집권 여당의 대표라고 하여 예외가 될 순 없습니다. 선택적 수사에 골몰하는 정치검찰에 대한 국민의 준엄한 심판이 필요합니다. 조국혁신당이 맨 앞에 서겠습니다.

오늘 조국혁신당은 국민 여러분들께 한동훈에 관한 고발 사주 의혹, 윤석열 검찰총장 징계 관련 의혹, 딸 논문 대필 의혹 사건 규명을 위한 특별검사의 임명 등에 관한 법률을 발의하겠다고 약속드리며, 이 특별검사 임명에 관한 건이 국회에서 통과될 수 있도록 22대 국회에서 총력을 기울이겠습니다.

'한동훈 특검법' 발의는 그 시작에 불과합니다. 대통령이 나서서 관권선거를 일삼고 끊임없이 야당 대표의 먼지를 터는 일에만 혈안이 된 윤석열 검찰독재정권을 심판하고 국민이 승리하는 그날까지, 조국혁신당은 더 빠르고 더 강하고 더 선명하게 행동하겠습니다.

존경하는 국민 여러분, 조국혁신당은 검찰독재 조기종식을 위한 쇄빙선이자 민주진보 세력 승리의 예인선이 되겠습니다. 3년은 너무 깁니다. 다시 국민이 승리하는 역사를 조국혁신당이 만들어 나가겠습니다. 주인공은 국민 여러분입니다. 함께해 주십시오.

〈뉴스외전〉 '포커스'
조국 인터뷰
(2024. 03. 12)

　국회에서 '한동훈 특검법' 공약을 발표한 3월 12일 오후, 조국 대표는 MBC 〈뉴스외전〉의 인터뷰 코너 '포커스'에 출연했다. 첫 지상파 TV 방송 인터뷰였다. 이 인터뷰에서 조 대표는 이른바 '지민비조(지역구 민주당을 찍으러 왔다가 비례대표 조국혁신당을 찍는다)'에 대한 앵커의 질문을 받고 의미 있는 답변을 내놓았다.

　이때까지 주류 정치인들과 정치평론가들 사이에서는 조국혁신당이 '진보의 파이'를 나눠먹을 뿐이라는 평가가 지배적이었다. 하지만 조국 대표는 이 인터뷰에서 그런 관점에 이의를 제기했다.

　"민주당과 땅따먹기를 한다거나 민주당의 지분을 뺏는 것이 아니라 민주당 바깥에 진지를 구축하고 새로운 진보의 영역을 확장하는 것"이라며 무당파, 양비론자, 이준석 지지자들을 공략하는 것이 주된 목표임을 명백히 밝혔다. 조국혁신당 출현 이후 범진보진영 전체의 파이가 커진 것이 확인되었다며, 나눠먹는 것이 아니라 파이 자체의 크기를 키우고 있다는 점도 강조했다.

이어 그는 '중도층의 진보화'라는 새로운 관점을 제시했다. "많은 분들이 진보층, 보수층, 중도층을 나누고 그 분류가 고정불변이라고 생각하는 경우가 많지만 그런 분류는 공학적 접근"이라면서, "각종 통계조사에 따르면 중도층의 진보화가 확연히 보인다"고 설명했다. "중도층이라고 항상 중도에 있는 것이 아니라 어느 시점에서는 한쪽을 택하는데, 윤석열 정권의 무도, 무능, 무책임 때문에 중도층 자체가 진보화되고 있고 진보화된 중도층이 조국혁신당으로 오고 있다"는 것이다. 따라서 "민주당이 중도층을 공략하는 데 방해가 되는 것이 아니라, 오히려 중도층을 적극적으로 공략하고 진보와 손을 잡게 만드는 데 우리의 역할이 크다"라고 주장했다.

이런 조국 대표의 설명은 이때까지는 아직 가시적이지 않았던 '비조지민' 효과, 즉 '조국혁신당 비례대표 찍기 위해 투표장에 왔다가 민주당 지역구 후보를 찍는' 현상을 예고한 셈이기도 했다. 이런 효과는 불과 며칠 후 여론조사 전문가들 사이에서 조심스럽게 언급되기 시작하더니, 실제 여론조사에서 이를 뒷받침하는 결과들이 속속 드러나자 3월 20일 전후로는 '비조지민'이라는 표현으로 널리 알려지기 시작했다. 이런 대세를 더 이상 부인할 수 없는 상황이 되자 관련 전문가들도 4·10 총선판의 최대 변수로 '비조지민' 효과를 꼽게 되었다.

이전까지 통상적인 관점에서 총선의 꽃은 지역구 투표였고, 비례대표 투표는 보조적·부수적이라는 느낌이 강했다. 그런데 22대 총선에서는 조국혁신당의 강한 돌풍으로 인해 비례대표 투표가 총선 투표의 주된 동기로까지 급부상하는 예외적이고 특이한 현상이 발생했다.

2024.03.14 | 광주 충장로 | 미디어몽구, 박지훈

광주 거리에서 목이 터져라
전하는 민주주의 정신

대중연설가 조국의 재발견, 광주 충장로 연설

가슴 아픈 도시 광주를 다시 찾다

3월 13일 전주를 찾았던 조국 대표는 바로 다음 날인 3월 14일 오전 순천을 방문해 '순천시민들과의 만남' 행사를 가졌다. 이어 여수MBC와 인터뷰한 후 다시 광주로 이동했다. 창당 선언 다음 날이었던 2월 14일 첫 일정으로 광주 국립 5·18 민주묘지를 참배한데 이어 두 번째 광주 방문이었다.

조 대표는 광주 일정의 첫 순서로 문재인 청와대에서 정무수석으로 함께 근무했던 강기정 광주시장을 만나 뜨거운 포옹후 면담을 나눴고, 이어 광주시의회에서 기자회견을 열었다. 이 기자회견에서 조국 대표는 조국혁신당에 대한 관심과 성원에 감

당 관계자들을 비롯해 수많은 광주시민들과 함께 충장로를 걸어가는 조국 대표.

사 인사를 먼저 전한 후, 광주를 찾을 때마다 마음 한편이 시리다고 밝혔다. 아직 발포 명령을 내린 자를 공식적으로 규정하지 못했기 때문이다.

　이어 5·18과 관련해 아무런 역사적 근거도 없이 상식 밖의 주장을 하는 도태우가 국민의힘 후보로 나선 사실을 규탄했다. 이는 윤석열과 한동훈이 전두환의 후예라는 사실을 자인한 결과이며, 도태우 후보를 5·18 민주화운동 특별법 위반으로 즉각 고발하겠다고 선언했다. 국민의힘은 그 전날까지만 해도 도태우 후보의 공천을 유지하겠다는 입장을 내세웠지만, 이날 조국 대표의 두 차례 규탄 발언 후 바로 다음 날인 3월 15일에 도태우 후보의 공천을 취소했다.

　이어 조국 대표는 이해민, 차규근, 서왕진, 배수진 등 조국혁신당 비례대표 후보들, 은우근 광주시당위원장 등과 함께 충장로 거리로 나섰다. 몇 걸음 걷는 동안 조국 대표를 알아본 광주시민들이 여기저기서 게릴라처럼 나타나 몰려들었고, 순식간에 많은 인파가 모여 "조국!"을 외치며 반가워했다.

살아서 펄펄 뛰는 거리의 연설로 청중의 마음을 움직이다
충장로는 광주 민주화운동 당시 광주시 첫 사망자가 발생한 역사의 거리다. 1980년 5월 18일 이곳에서는 공수부대에게 무자비하게 구타 당한 청각장애인이 이튿날 새벽 사망하는 일이 일어났다. 이후로도 광주 민주화운동이 진행되는 동안 이 충장로에서 많은 광주시민들이 계엄군에 맞서다 희생되었다.

조국 대표 일행이 충장로 거리를 걸어 향한 '충장로우체국'은 1963년에 세워진 청사로, 개관 당시 광주에서 보기 드물게 냉난방시설을 갖춘 최신식 건물이었다. 이로 인해 충장로우체국은 많은 광주시민들과 인근 지역 주민들에게 만남의 장소로 애용되었고, '우다방'이라는 애칭으로 불리게 됐다.

수많은 광주시민들에게 둘러싸인 조국 대표와 일행들은 충장로우체국 건물 앞의 낮은 계단 위로 올라섰고, 시민들의 환호 속에 거리 연설이 시작됐다. 마이크도 스피커도 없이 오직 육성으로만 전달하는 대중연설이었다. 광주시민들은 연설의 주요 대목마다 환호하고 호응하며 스스로 이 거리 연설의 일부가 되었다.

조국 대표의 정치 진출 가능성이 점쳐지던 동안, 또 창당 선

충장로 거리에서 육성으로 힘차게 연설하는 조국 대표.

언 이후 한동안, '조국은 천생 학자라 정치는 못할 것'이라 쉽게 말하던 사람들이 적지 않았다. 하지만 이날 충장로 연설은 조국에 대한 그런 안이한 평가를 싹 씻어냈다. 청중의 가슴을 울리고 호응하게 만드는, 살아서 펄펄 뛰는 거리의 대중연설이었다. 2024년 22대 총선의 명장면 중 하나로 역사에 남을 것이 분명했다. 이후로도 조국 대표의 연설은 회를 거듭할수록 무르익어 갔다.

한편 이 연설에서 조국 대표는 민주당과의 연대 의지를 확실히 밝혔다. "4월 10일 총선은 조국혁신당만 잘되는 선거여서는 안 됩니다"라며, 의견과 강령의 차이가 있더라도 "민주당을 포함한 민주진보진영 전체가 승리하는 선거가 되어야" 한다고 외친 부분이다. 선거를 앞두고 모든 정당이 자신들이 차지할 의석수만 바라보고 계산기를 두드리는 상황에서, 조국 대표는 자당의 승리만을 외치는 대신 '민주진보진영 전체'의 승리를 호소한 것이다.

조국 대표가 광주시민들의 사진 촬영 요청에 응하고 있다.

'진영 전체의 승리'라는 선명한 명분은 선거 전체의 연대보다 소소한 비례대표 한두 석에 집착하던 민주당 일각의 모습이 설득력을 잃게 만들었다. 건전한 경쟁이 아닌 '극단적 몰빵론'만을 외치는 목소리에 힘을 빼버린 것이다. "조국혁신당 비례 지지와 민주당의 지역 지지가 동반 상승하고 있다", "조국혁신당의 약진이 민주진보진영 전체의 파이를 키우고 있다"라고 밝힌 점도 그의 대승적 명분에 힘을 더했다.

충장로 연설을 마친 조국 대표와 일행은 시민들의 환호 속에 악수를 나누고 함께 사진도 찍으면서 천천히 지하철역으로 이동했다. 시민들의 열띤 호응은 지하상가 거리와 지하철 플랫폼, 심지어 KTX 광주송정역을 향해 달리는 지하철 안에서까지 계속 이어졌다.

광주 충장로
연설문
(2024. 03. 14)

존경하는 광주시민 여러분, 전남도민 여러분.

안녕하십니까. 조국혁신당 대표 조국입니다. 이곳 민주화의 성지 광주에서, 시민 여러분께 뜨거운 마음으로 인사 올립니다.

무도한 정치군인들로부터, 군부독재로부터 이 나라의 민주주의와 정의를 지켜내기 위해 앞장서서 싸우다 쓰러져 간 5월 영령들을 기억합니다. 이곳 충장로는 현대사의 물줄기를 바꾼 위대한 공간이었습니다. 저 개인의 삶 굽이굽이에도 5·18 광주 민주화운동과 그 후 광주의 역사는 늘 힘과 용기를 주었습니다.

충장로는 광주시민의 만남과 삶의 공간이기도 합니다. 광주시민들은 이곳 우체국 다방, '우다방' 앞에서 만나자 약속하고, 만나서 함께 먹고 마시며, 같이 울고 웃으며 이야기를 나누는 것으로 압니다. 맞습니까? (네!)

이 나라의 민주주의를 위태롭게 하는 그 어떠한 억압에도 맞서 저항하고 싸운 광주시민의 용기와 결기 속에는 사람을 아끼고 이웃을 사랑하는 따뜻함이 있습니다. 사람 냄새 나는 향기를 머금고 있습니다.

존경하는 광주시민 여러분, 저는 지난 2월 광주에 와서 시민 여러분께 약속드렸습니다. 대한민국의 역사를 후퇴시키는 검찰 카르텔에 맞서 싸우겠다, 광주시민의 정의로운 열망을 가슴에 품겠다, 무도하고 무능하고 무책임한 검찰독재정권과의 싸움에 맨 앞에 서겠다, 윤석열 정권을 하루라도 빨리 종식시키는 것이 국민을 위하는 길이다, 이렇게 말씀드렸습니다.

광주시민 여러분! 광주시민과 함께, 민주공화국의 가치를 파괴하는 윤석열 정권과 한 치도 타협하지 않고 싸우겠습니다. 제가 제일 앞에 서고, 제가 제일 마지막까지 싸우겠습니다.

존경하는 광주시민 여러분, 윤석열 정권 집권 2년 동안 우리의 자랑스러운 조국 대한민국은 거꾸로 가고 있습니다. 서울 한복판에서 아무 죄도 없는 159명의 꽃다운 젊은이들이 죽고, 군대 간 아들이 사고로 목숨을 잃었습니다. 그러나 윤석열 정권은 진실을 밝히는 노력을 전혀 하지 않습니다. 오히려 진상을 은폐하는 데 급급합니다. 대통령도, 총리도, 주무 장관도, 어느 누구도 사과하지 않았고 어느 누구도 책임지지 않았습니다. 도대체 이런 정부가 어디에 있습니까!

게다가 최근에는 공수처의 수사를 받고 있던 이종섭 전 국방 장관이 호주대사로 임명되었습니다. 범인 도피죄 아닙니까? 외교 참사 아닙니까? 창피한 일입니다.

경제는 어떻습니까? 민생이 무너지고 있습니다. 이곳 충장로에서 자영업을 하시는 분이 많이 계실 것입니다. 코로나 팬데믹 때보다 더 장사가 안된다고 합니다. 실질임금은 감소하고 금리와 물가는 치솟고 있기에, 일상이 힘듭니다. 이렇게 경제가 침체하고 시민의 삶이 힘든데, 윤석열 정부는 오로지 부자 세금 깎기에만 열심입니다.

존경하는 광주시민 여러분, 윤석열 정권 출범 후 국민의 안전과 민생, 경제, 외교와 안보, 민주주의와 국격 등 모든 부문이 후퇴하고 있습니다. 특히 국민의 기본권과 인권, 표현의 자유와 언론의 자유 등 민주주의가 무너지고 있습니다. 민주공화국의 가치가 짓밟히고 있습니다. 우리 국민이 어떻게 지켜온 민주주의입니까? 조국혁신당은 결코 좌시하지 않겠습니다. 물러서지 않을 것입니다.

존경하는 광주시민 여러분, 문재인 정부는 정권 재창출에 실패했습니다. 일부 정치검사들의 준동을 막지 못하고 정권을 내준 데 대해 문재인 정부 검찰개혁 당사자로서 무한한 책임을 느낍니다. 송구스럽습니다. 죄송합니다. 저는 결자해지의 심정으로 정치 참여를 결심했고, 창당에 나섰습니다. 저 모든 것을 걸고, 윤석열 정권의 퇴행을 막아야겠다는 소명을 운명처럼 받아들입니다.

존경하는 광주시민 여러분, 윤석열 정권과 국민의힘이

5·18 북한 개입 망언을 한 자를 이번 총선에서 당선이 유력한 대구 지역구 후보로 최종 공천 확정했습니다. 도태우입니다. 5·18 단체, 조국혁신당과 민주당 등 민주진보진영과 모든 민주시민들이 공천 취소를 강력히 요구했지만, 이를 묵살하고 공천 결정을 했습니다. 도를 넘어도 한참 넘은 것입니다.

5·18 광주 민주화운동은 무도한 정치군인들의 군사반란에 맞서 우리나라의 민주주의와 정의를 위해 피 흘린 우리 대한민국의 자랑스러운 역사입니다. 그렇지 않습니까? 진보와 보수를 떠나 대한민국이 이루어낸 합의를, 윤석열 정권이 부정하고 훼손하고 있습니다. 윤석열 정권과 국민의힘에 강력하게 경고합니다. 당신들은 반드시 역사와 광주의 심판을 받을 것이다!

존경하는 광주시민 여러분, 그리고 당원 동지 여러분! 조국혁신당은 지금 기적을 만들고 있습니다. 창당한 지 열하루 만에 조국혁신당에 입당한 분이 10만 명에 육박하고 있습니다. 최근 여러 여론조사에서 조국혁신당의 비례대표 정당 지지도가 10%대를 넘어 20%대 중반을 넘어섰다는 언론 보도가 나오고 있습니다. 광주시민 여러분을 포함한 국민 여러분의 성원에 힘이 납니다.

조국혁신당에 대한 이런 높은 관심과 지지율 상승은, 윤석열 검찰독재정권에 맞서 국민과 민주주의를 지키기 위해 맨 앞에서 싸워줄 정당, 가장 치열하게 싸울 정당, 맨 마지막까지 싸울 정당이 바로 조국혁신당이라고 국민 여러분이 느끼고 생각하고 있기 때문입니다! 그렇기에 조국혁신당은 더욱 겸손하게, 더욱 절박하게, 그러나 더욱 단호하게 행동할 것입니다.

사랑하는 광주시민 여러분! 조국혁신당 창당과 돌풍이라는 이 모든 기적을 만든 주인공은 저 조국 개인이 아닙니다. 김대중 대통령의 말씀처럼 '행동하는 양심'으로, 노무현 대통령의 말씀처럼 '깨어있는 시민'으로, 바로 여기 계시는 광주시민 여러분, 그리고 당원 동지 여러분 때문이라고 저는 생각합니다. 그렇지 않습니까? 저 조국과 조국혁신당은 두려움 없이 당당하게 싸울 것입니다.

존경하는 광주시민 여러분, 보수언론들이 민주당 지지층을 갈라치기하고 있습니다. 여기에 휘둘려서는 안 됩니다. 말려들지 맙시다.

조국혁신당에 대한 국민의 관심이 불 붙고 있습니다. 윤석열 검찰독재정권에 대한 심판론이 다시 거세지고 있습니다. 거리에서 만난 많은 시민들이 이렇게 말씀하십니다. "투표장에 안 나가려고 했는데, 조국혁신당 비례 찍으러 나갈 겁니다!"

조국혁신당의 돌풍은 민주진보진영의 결집에 기여하고 있습니다. 조국혁신당은 민주진보 시민의 투표 참여를 견인하고 있습니다. 최근 모든 여론조사를 보면, 조국혁신당 비례 지지와 민주당의 지역 지지가 동반 상승하고 있습니다. 조국혁신당의 약진이 민주당 지역구에 확실한 도움을 주고 있습니다.

조국혁신당의 약진이 민주진보진영 전체의 파이를 키우고 있습니다.

존경하는 광주시민 여러분, 그리고 당원 동지 여러분, 조국혁신당의 상징색은 다름 아닌 광주의 하늘색인 트루블루입니다. 저 하늘을 보십시오! 광주시민의 피로 밝힌 민주주의와 정의의 횃불이, 그 횃불이 하늘로 퍼져나가 광주의 하늘이 되었습니다!

시민 여러분, 불은 가장 뜨거울 때 파란색이 됩니다. 우리가, 조국혁신당이, 가장 뜨거운 파란 불이 되어 검찰독재정권을 태워버릴 것입니다. 저부터 파란 불꽃 하나가 될 것입니다. 다시 말씀드립니다. 맨 앞에서 서서, 맨 마지막까지 싸울 것입니다.

존경하는 광주시민 여러분, 대한민국의 민주주의가 위기에 처할 때마다, 정치 역사의 고비 때마다, 광주와 전남은 지혜로운 전략적 선택을 해왔습니다. 그리고 광주와 전남의 선택은 항상 옳았습니다. 이 나라의 민주진보진영이 위기를 맞고 분열 앞에서 흔들리고 있을 때마다, 광주 전남은 그 중심을 잡아주셨습니다. 이번 총선에서 다시 한번 우리가 이 위기를 극복할 수 있도록 용기와 희망 그리고 지혜를 주십시오!

이제 우리는 4월 10일까지 치열한 선거전에 돌입할 것입니다. 이번 총선은 윤석열 검찰독재정권을 심판하는 선거입니다. 더 이상도, 더 이하도 아닙니다. 총선에 반드시 승리해 윤석열 정권 관계자들의 비리와 범죄를 밝히고 응징, 처벌해야 합니다.

4월 10일 총선은 조국혁신당만 잘되는 선거여서는 안 됩니다. 그렇게 되어서는 안 됩니다. 의견의 차이가 있다 하더라도, 강령의 차이가 있더라도, 민주당을 포함한 민주진보진영 전체가 승리하는 선거가 되어야 합니다. 그 길에 조국혁신당이 앞장서겠습니다. 더 강하고, 더 빠르고, 더 선명하고, 더 단호하게 행동하겠습니다. 감사합니다.

국민 여러분! 조국혁신당에 구호 하나가 있습니다. 뭔지 아시죠? 제가 앞의 것을 선창하면, 시민 여러분은 뒤의 것을 외쳐주십시오. 세 번만 하겠습니다!

3년은! (너무 길다!)

3년은! (너무 길다!)

3년은! (너무 길다!)

광주시민 여러분, 지금까지 2년이 어땠습니까? 또 앞으로 3년을 이대로 사시겠습니까? (아니오!)

한 번만 더 하겠습니다!

3년은! (너무 길다!)

감사합니다.

2024.03.15 | 언론 인터뷰 | 박지훈

강렬한 부산 사투리로 시작된 조국의 도발

방송 인터뷰를 통해 전파하는 조국 당 대표의 투지

정치권을 달군 조국 대표의 명발언, "느그들 쫄았제?"

3월 15일, 조국 대표는 하루 종일 시사 프로그램과 뉴스를 오가며 바쁘게 인터뷰에 임했다. YTN 아침 라디오 〈뉴스킹 박지훈입니다〉 전화 인터뷰를 시작으로 오전 11시 JTBC 유튜브 '장르만 여의도', 오후엔 YTN 〈뉴스Q〉, 밤에는 오마이뉴스 '오연호가 묻다'에 출연했다.

이날 첫 일정인 YTN 〈뉴스킹 박지훈입니다〉 출연은 전화 연결로 20분가량 진행되었다. 진행자 박지훈 변호사는 개혁신당 이준석 대표가 조국 대표를 향해 "국민을 정치적 추세에 이용해 먹는 정치 업자"라는 폄훼성 발언을 한 것에 대한 의견을 물었다.

이에 조국 대표는 통쾌하게 역공을 해 이준석 대표를 머쓱하게 만들었다.

"저는 이준석 대표 본인과 그 당에 대한 얘기 같습니다. 먼저 이준석 대표께서는 거울 보고 그런 말씀하시라, 또는 그 당에 모인 옆에 계신 분들 보고 말씀하시라 싶고요. 개혁신당 지지율이 폭락하니까 좀 초조하신가 봅니다."

다음으로 진행자는 조국 대표가 3월 12일에 내세웠던 1호 법안 '한동훈 특검법'에 대해 물었다. 조 대표는 '한동훈 특검법'의 필요성을 네 가지 항목별로 조목조목 설명했다. 한동훈의 반격 차원 공약인 '유죄 시 비례대표 승계 금지' 법안 추진에 대해서는 "그 법안은 위헌으로 통과 가능성이 제로입니다. 제 생각으로는 조국혁신당에 대한 국민 지지도가 높아지니까 위축된 한동훈 위원장과 국민의힘이 예민하고 불안해진 것 같은데요"라면서 부산 사투리로 한마디 일갈했다. "느그들 쫄았제?"

이 발언은 지지자들을 넘어 정치판 전체에 회자되며 SNS를 뜨겁게 달구었다. 정치 유튜버는 물론 공중파 시사대담 프로그램에서도 조국 대표의 말을 해석하고 내포된 의도를 찾느라 바빴다. 조국 대표의 발언 한마디 한마디가 정치권 태풍의 핵이 되어 휘몰아치기 시작한 순간이었다.

〈뉴스킹 박지훈입니다〉 전화 출연에 이어 JTBC의 유튜브 프로그램 '장르만 여의도'에 출연한 조 대표는 창당 선언 이후 각 정

YTN 라디오 〈뉴스킹 박지훈입니다〉에 출연한 조국 대표가 박지훈 변호사와
전화 인터뷰를 하고 있다. 여기에서 "느그들 쫄았제?"라는 명발언이 처음 나왔다.

당 예방을 했는데, 국민의힘 한동훈으로부터는 답을 받지 못했
다며 공개적으로 다시 한번 예방에 대한 회답을 요청했다.

"제가 창당 선언 이후에 각 당 대표들을 방문했습니다. 국민
의힘도 예방하겠다고 했습니다. 그런데 아직 답이 없으십니다.
꼭 허락을 해주셔서 국민의힘 한동훈 위원장을 찾아가 국민들 앞
에 나란히 서서 카메라 앞에서 여러 가지 질문을 하고 싶습니다."

이는 한동훈 위원장의 딸 입시 관련 혐의들을 포함해 '한동
훈 특검법'으로 제기할 문제들을 당사자의 면전에서 직접 거론하
겠다는 의사를 내비친 것으로, 공개적인 정면 도발인 셈이었다.

한편 이날 '장르만 여의도' 진행자와 기자는 조국 대표에게
질문을 해놓고는 답변 중에 반복적으로 말을 끊고, 현안 정치와
선거 관련 이야기보다 과거의 흠결과 '사법리스크'에 끈질기게

집착하는 등 다소 무례한 모습을 보였다. 하지만 조국 대표는 물러서지 않고 맞서며 강한 모습을 드러냈다.

한동훈 위원장은 '헌법 공부'를 하고 반박하라

이날 오후에는 다시 YTN 〈뉴스Q〉 인터뷰가 이어졌다. 이 인터뷰에서 주요 이슈가 된 것은 '한동훈 특검법'이 '사적 복수'가 아니냐는 국민의힘 윤재옥 원내대표의 주장에 대한 반론이었다.

"'사적 복수'라는 말 자체가 웃긴데요. 법률을 통해서 국회가 특별검사를 임명하는 것인데, 제가 무슨 사적 복수를 하겠습니까. 어불성설이고, 이 문제는 조국 개인의 사적 복수 문제가 아니라, 윤석열, 한동훈 두 분이 오랫동안 외쳐왔던 공정과 정의를 자기 자신에게 적용시키는 문제입니다. 윤석열 대통령이라고 할지라도, 한동훈 비대위원장이라고 할지라도, 자신들이 저지른 범죄와 비리에 대해서는 책임을 져야 됩니다. 그것은 복수가 아니라 정당한 응징이죠. 그런 정당한 응징, 정당한 징벌을 받도록 정치인은 움직여야 한다고 생각합니다."

오전의 〈뉴스킹 박지훈입니다〉에 이어 이번 인터뷰에서도 국민의힘이 추진하고 있는 '유죄 시 비례대표 승계 금지' 법안에 대한 질문이 나왔다. 조 대표는 다시 한번 헌법을 해설한 후 한동훈을 향해 일갈했다.

민심 2024 D-26
'교차투표' 심리 공략
YTN
©YTN

조국혁신당 "22대 국회에서 한동훈 특검법 발의"

YTN 〈뉴스Q〉에 출연한 조국 대표가 인터뷰에 임하고 있다.

"한동훈 비대위원장께서 검사 생활을 오래 하다 보니까 형법은 좀 아는지 모르겠는데, 헌법은 공부를 안 하신 것 같습니다. 지금부터는 정치를 하시니까 형법만이 아니라 다른 공부, 특히 헌법 공부를 좀 하시고 그런 반박을 했으면 좋겠습니다."

"우리나라의 정상적인 훈련을 받은 법률가라면 그걸 다 알거라고 보는데, 갑자기 저런 정치개혁안의 이름하에 저 조국을 공격하는 이유는, 근래 국민의힘 지지율이 떨어지고 한동훈 비대위원장의 지도력이 추락하다 보니까 마음이 많이 급하구나 싶습니다. 호흡을 가다듬으시고 헌법 공부를 하셨으면 좋겠습니다."

이재명 대표의 민주당과 조국 대표의 조국혁신당이 '방탄 연대'라는 윤재옥 국민의힘 원내대표의 주장에 대해서도 명쾌하고 시원한 반격이 이어졌다.

"제가 역으로 묻고 싶은 것은, '방탄 연대'라고 운운하셨는데 우리나라에서 가장 저급한 방탄 연대는 뭘까. 윤석열, 한동훈, 국민의힘이 연합해서 김건희 여사를 지금 방탄하고 있습니다. '김건희 특검법'을 국회에서 통과시켰는데 대통령은 거부를 했고, 재의결했을 때 국민의힘이 또 재의결 거부를 해서 김건희 여사를 보호하고 있지 않습니까? 김건희 방탄에 급급한 상태에서 그런 말을 할 자격이 있는가 생각이 듭니다."

조 대표는 또 조국혁신당은 '친문 세력'이 따로 모인 것이라는 일각의 시각에도 이의를 제기했다. 구체적으로 노회찬 정의당 시절 사무총장을 지낸 신장식 변호사, 박원순 시장 시절 서울연구원을 지낸 서왕진 정책위의장 등을 예로 들었다. 실제로 조국혁신당 20명의 비례대표 국회의원 후보 중에는 딱히 '친문'이라고 할 만한 인사가 없고, 문재인 청와대에서 함께 일했던 인연으로 합류한 인사들은 국회의원 후보가 아닌 당직만을 맡고 있을 뿐이다.

거친 말로 국민의힘을 압박하는 '부산 사나이' 조국

이렇게 아침부터 3건의 인터뷰를 진행한 후에, 다시 밤 8시부터 오마이뉴스 오연호 대표와의 네 번째 인터뷰가 시작됐다. 외부 행보 없이 오직 언론 인터뷰만으로 강행군을 한 날이었다.

이날 인터뷰에서 오연호 대표는 "왜 정치 참여의 방법으로 정당 창당이라는 방법을 선택했느냐"라고 조 대표에게 질문했다. 다른 언론에서 묻지 않았던 이슈였다.

조 대표는 정치를 권했던 지인들은 민주당에 부담이 없을 무소속 출마를 제안했지만, 조 대표 개인이 국회의원이 되는 것만이 목표가 아니었기 때문에 선택하지 않았다고 답했다. 또 현재 민주당이 확보한 영역이 확장되지 못하고 있다고 판단했다면서, 민주당이라는 성곽 바깥에 새로운 진지를 구축해 전체 민주진보진영의 영역을 넓히기 위해 창당을 선택했다고 했다. 그 자신도 모험이라고 생각했던 길을 과감하게 선택한 것이다.

이어 오 대표는 전날인 3월 14일 광주 충장로에서의 명연설 장면을 거론하며 "눈빛과 표정이 낯설었습니다. 투사가 된 것 같았어요. 쇄빙선의 선장을 보는 것 같은 느낌이었습니다"라고 말했다. 이에 조 대표는 "오랜 시간이 흘렀지만 청년 시절의 모습이 다시 튀어나오는 느낌"이었다며, "제 청년 시기를 알던 친구들은 '살아 있네, 살아 있었네' 그러더라고요"라고 덧붙였다.

돌아보면 조국 대표가 2019년 법무부 장관으로 지명되었을 때 가장 먼저 공격받았던 문제가 바로 청년 시기의 '사노맹(남한사회주의노동자동맹)' 활동 전력이었다. 그는 사노맹 산하의 '사과원(남한사회주의과학원)'에서 강령연구실장으로 활동한 혐의로 구속 기소돼 6개월간 옥고를 치르기도 했다. 한마디로 젊었을 때 '운동 좀 했던' 청년이었다. 그 시절의 '뜨거운 심장'이 수십 년 학

오마이뉴스 '오연호가 묻다'에 출연해 정당 창당 이유를 밝힌 조국 대표.
이 인터뷰에서도 거친 부산 사투리로 한동훈 위원장 등에 일갈했다.

자 생활을 지나 조 대표에게 다시 돌아온 셈이다.

오 대표는 전날 광주 연설에서 조 대표가 거론했던 '결자해
지의 심정'에 대해 물었다. 이에 조 대표는 이렇게 말했다. "제가
부족함이 있었고 또 누구를 탓할 것도 아닙니다. 문재인 정부의
검찰개혁 주책임자로서 제가 그 책임을 무한대로 지겠습니다.
그 방법으로, 조용히 반성만 하는 길 대신 저 자신의 흠결과 부족
함을 전제로 다시 한번 도전하는 길을 선택했습니다."

한편 그는 이 인터뷰에서도 '한동훈 특검법'에 대해 설명한
후 오 대표의 요청에 다시 부산 사투리로 한 위원장 등을 압박했
다. "느그들 쫄았제?", "느그들 내가 끝을 본다!"

조국 대표의 이런 공개적인 '부산 사투리 도발'에는 몇 가지
의의가 있었을 것이다. 부산에서 나고 자란 내 관점에서는 조 대

표가 자신의 '제2의 인격'을 드러낸 것으로 보인다. 조 대표는 그간의 공개 발언에서 부산 말투를 쓰지 않았지만, 지역적으로 늘 '부산 사람'이라 자부해 왔다. 점잖고 품격 있는 언어로 말하는 조국 외에도 거친 부산말을 구사하는 '부산 사나이' 조국이 그의 내면에 자리하고 있었던 것이다.

조 대표가 거친 투지를 필요로 할 때, '두 번째 인격의 조국'이 서늘한 반말 투의 부산말을 쏟아내며 투지를 드러냈다. 마치 슈퍼히어로 영화처럼.

2024.03.16 | 국회의원회관 | 미디어몽구

파란 불꽃이 되어 검찰독재정권을 불태우겠다는 조국의 강렬한 호소

조국혁신당 비례대표 순번 지정을 위한 국민 오디션

압도적 1위 호소에 웃음꽃이 피어난 대국민 오디션 현장

3월 16일 오후 2시 국회의원회관 제2소회의실에서 '조국혁신당 비례대표 순번 지정을 위한 국민 오디션'이 열렸다. 전날인 3월 15일 비례대표로 선정된 후보 20인이 각자 3분간 정견 발표를 진행했다. 공중파 유튜브 채널을 비롯해 각종 정치 유튜버들이 몰려와 오디션을 생중계하는 모습에서 조국혁신당이 일으키고 있는 돌풍을 짐작할 수 있었다.

조국혁신당은 3월 7일부터 11일까지 비례대표 후보자 신청을 받았고, 마감 시한까지 총 101명이 신청했다. 독립유공자부터 화가, 대리운전 기사, 종교인 등 다양한 직군의 인사들이 접수

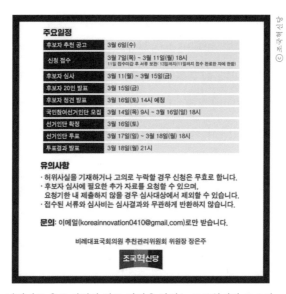

비례대표 후보 선정과 발표 일정을 알리는 조국혁신당 포스터.

했으며 최연소 접수자는 26세, 최고령 접수자는 68세였다. 비례
대표 추천위원회는 신청이 접수된 101명을 대상으로 심사를 진
행해 검찰개혁과 언론개혁, 정치개혁, 과학기술, 교육, 문화예술,
복지, 여성정책과 청년 등 다양한 분야에서 활동해 온 후보 20명
을 최종 선정했다.

　　남성 후보 10명은 조국 당 대표를 비롯해 김준형 전 국립외교
원장, 김형연 전 법제처장, 서왕진 전 환경정의연구소장, 서용선
전 의정부여중 교사, 신상훈 전 경남도의원, 정상진 영화수입배급
협회장, 차규근 전 법무부 출입관리국장, 황운하 의원 등이다.

　　여성 후보 10명은 박은정 전 법무부 감찰담당관을 포함해

강경숙 유네스코한국위원회 집행위원, 김선민 전 건강보험심사평가원장, 김재원 백제예술대학교 겸임교수(가수 리아), 남지은 문화유산회복재단 연구원, 백선희 서울신학대 사회복지학과 교수, 양소영 작가, 이숙윤 고려대학교 교수, 이해민 전 구글 시니어 프로덕트 매니저, 정춘생 전 대통령비서실 여성가족비서관 등이다.

먼저 임유원 선거관리위원장과 황현선 사무처장이 발언하고, 김보협 대변인의 진행으로 가나다 순서에 따라 김형연 후보자가 첫 번째 정견 발표를 시작했다. 발표는 계속 이어졌고 여덟 번째 발표자로 나선 조 대표의 정견 발표는 앞선 다른 모든 이들의 발표를 잠시 잊게 할 만큼 강력하고 호소력이 넘쳤다.

"어차피 조국은 될 것이니 다른 사람에게 표를 주어야겠다 이렇게 생각하시는 분도 있을 것입니다. 무난한 당선권 배치, 전략적 후순위 배치 조언을 해주신 분도 있습니다. 하지만 저 조국은 그런 정치를 하지 않겠습니다. 저는 멋 부리지 않고 해왔던 대로 제 모든 힘을 쏟을 것입니다. 저를 압도적 1위로 만들어 주십시오."

순간 현장에서는 웃음이 터져 나왔다. 조 대표가 '압도적'이라는 단어에 유난히 강조점을 두어 발언했기 때문이었다.

"저는 조국혁신당의 창당을 구상하고 준비하고 성사시키는 데 주도적 역할을 했습니다. 여러분께서 저를 압도적 1위로 만들어 주셔야

국회의원회관 소회의실에서 정견 발표를 하는 조국 대표.

이후 4·10 총선의 승리, 그리고 총선 이후 우리 당의 운영과 의정 활동에서도 제가 책임지고 주도적 역할을 할 수 있습니다. 민생을 살리는 선진복지국가, 제7공화국 건설의 선봉에 서겠습니다. 다시 한번 말씀드립니다. 저에게 압도적 지지를 보내주십시오. 더 빠르게, 더 강하게, 더 선명하게 가장 뜨거운 파란 불꽃이 되어 검찰독재정권을 하얗게 불태우겠습니다.”

정견 발표가 끝나자 참석자들은 환호와 함께 열정적인 박수를 보냈다.

조국 대표의 정견 발표는 여러 유튜브 방송에서 실시간 중계되며 합산 수십만의 동시접속자를 기록했다. 발표가 끝났을 때는 수천 개의 댓글이 올라오며 난리법석이 났다. “압도적이란 단어가 이렇게 웃긴 단어였나?", "'압도적' 세 번 반복, 이거 너무 웃겨요. 조국이 변했어요!", "조국 대표님 재미없는 사람인 줄 알았는데 전혀~~~!" 등 그의 연설은 즐거운 반향을 불러일으켰다.

"압도적 1위로 만들어 달라"는 발언을 무려 세 번이나 반복한 조국 대표의 메시지는 그의 선명한 발언만큼이나 생중계를 지켜본 모든 이들의 뇌리에 깊이 박혔다.

조국과 함께 긴 항해를 떠날 비례대표들의 등장

정견 발표 전날인 3월 14일부터 16일까지, 후보자 순위를 결정하는 경선에 참여할 국민참여선거인단 모집이 진행되었다. 16일에 국민참여선거인단이 확정되었고, 17일 오전 9시부터 18일 오후 6시까지 당원과 선거인단이 온라인 투표를 통해 1인당 4명(남녀 각 2명)을 투표했다. 비례대표 순번은 당원과 국민참여선거인단의 투표를 50 대 50 비율로 합산한 득표수로 결정되었다. 그리고 3월 18일 밤, 조국혁신당 임유원 선거관리위원장은 서울 여의도 당사에서 브리핑을 진행해 비례대표 순번 투표 결과를 발표했다.

비례대표 1번 박은정 전 검사, 2번 조국 대표, 3번 이해민 전 미국 구글 본사 매니저, 4번 신장식 변호사, 5번 김선민 전 건강보험심사평가원장, 6번 김준형 전 국립외교원장, 7번 김재원 바른음원협동조합 이사장 겸 가수 '리아', 8번 황운하 의원, 9번 정춘생 전 청와대 여성가족비서관, 10번 차규근 전 법무부 출입국

조국혁신당 홈페이지에 올라온 비례대표 순번 투표 결과.

관리본부장.

　　이어 11번 강경숙 유네스코한국위원회 집행위원, 12번 서왕진 전 환경정의연구소장, 13번 백선희 서울신학대 사회복지학과 교수, 14번 김형연 전 법제처장, 15번 이숙윤 고려대 산학협력중점교수, 16번 정상진 영화수입배급사협회 회장, 17번 남지은 재단법인 문화유산회복재단 연구원, 18번 서용선 전 의정부여중 교사, 19번 양소영 교육작가, 20번 신상훈 전 경남도의원.

3월 17일부터 이틀 동안 10만7,489명이 참여한 당원·국민투표의 최종 결과였다. 조국 대표는 예상대로 남자 1위를 차지했다. "압도적 1위로 만들어 달라"는 강렬한 호소가 영향력을 발휘한 것으로 보인다. 이어 활발한 방송 출연으로 대중들에게 인지도가 높은 신장식 변호사와 김준형 전 국립외교원장이 각각 2위와 3위를 차지했다.

여성 후보는 역시 검찰과 싸워온 박은정 전 검사가 1위, 화제의 인물 이해민 전 구글 본사 매니저가 2위를 차지했다. 대중 인지도가 높지 않았던 김선민 전 건강보험심사평가원장이 3위를 차지한 것은 놀라운 일이었다. 5호 인재영입식에서 발언하며 울컥했던 그의 진정성과 공공의료 활동에 헌신해 온 사실이 주목받으며 대중들의 호감을 얻은 듯하다.

이로서 선장 조국을 필두로 승무원을 다 갖춘 조국혁신당호는 선거의 바다로 본격적인 항해에 돌입했다.

조국혁신당 조국 대표·
박은정 비례대표 후보
'관권선거 중단'
용산 대통령실 앞 기자회견문
(2024. 03. 19)

'3년은 너무 길다', '검찰독재 조기종식'이라는 국민의 바람을 대변하고 있는 조국혁신당 대표, 조국입니다. 저는 오늘 우리 당 비례대표 후보자들, 앞으로 국민을 위해 일할 일꾼들과 함께 이곳 용산 대통령실 앞에 섰습니다. 국민의 목소리를 전달하기 위해서입니다.

지금까지 이런 대통령은 없었습니다. 참담한 심정입니다. 윤 대통령은 관권을 동원한 선거운동을 하고 있습니다. 4월 10일 선거일을 앞두고 전국을 돌아다닙니다. 확보도 못한 수백조 원 국가 예산을 투입하더라도 과연 할 수 있을지 모를 공약들을 남발합니다.

재정 건전성이 중요하다고 했습니다. 그러면서 미래 먹거리와 직결된 연구개발 예산을 대폭 깎아버렸습니다. 그래놓고 전국토를 공사판으로 만들겠다고 합니다. 필요한 예산 수백조 원은 어떻게 확보할지 이야기도 하지 않습니다.

윤 대통령은 총선과 무관하다고 합니다. 국정이며 민생경제라고 주장합니다. 정말입니까? 그런데 왜 믿는 국민이 없습니까? 총선에서 여당인 국민의힘을 돕기 위해 대통령 권한을 부당하게 행사하는 것 아닙니까? 벌써 스무 번이나 했습니다. 당장 멈추십시오.

윤 대통령이 민생 대통령을 빙자해 관권선거운동을 계속한다면, 조국혁신당은 22대 개원 직후 윤석열 대통령의 관권선거운동 의혹 진상 규명을 위한 국정 조사를 추진하겠습니다. 국민과 함께, 민주진보 세력을 대변하는 야당들과 함께, 대통령의 부정선거운동 혐의를 낱낱이 밝히겠습니다. 관권선거운동 말고 민생 살리기에 전념하십시오.

의사 수는 늘려야 합니다. 그러나 국민들은 의료 대란을 우려합니다. 아파도 제때 치료받지 못할 일이 생길까 봐 걱정합니다. 의대 학생 수를 늘리더라도 좋은 의사로 교육할 수 있는 여건이 중요하다고 생각합니다.

문제를 해결하십시오. 윽박지르기, 압수수색과 수사 말고, 정치를 하십시오. 무턱대고 의대 입학 정원만 대폭 늘릴 게 아니라 필수 의료 인력이 부족한 지역과 분야를 줄일 수 있는 방안을 찾아 제시하기 바랍니다.

윤 대통령은 국회를 통과한 간호법 제정안을 거부해 놓고, 이제 그 법안의 주요 내용을 당근책으로 제시하고 있습니다. 현장을 떠난 의사들의 빈자리를 채우라는 겁니다. 이렇게 어리

석은 국정 운영이 어디 있습니까?

윤 대통령은 행정 수반입니다. 명령권을 제대로 행사해야 합니다. 이종섭 전 국방 장관을 당장 불러들이십시오. 고위공직자범죄수사처의 수사를 받으라고 명령하십시오. 일국의 대사가 '도주 대사'라는 멸칭으로 조롱받습니다. 국제적 망신입니다.

대통령실은 공수처가 이 전 장관의 출국을 허락했다고 말했습니다. 그런데 공수처는 허락한 적이 없다고 합니다. 오히려 출국금지 유지가 필요하다는 의견을 제출했다고 합니다. 누가 거짓말을 한 것입니까? 거짓말을 해서 얻을 이익을 생각하면, 누가 거짓말을 하는지 뻔하지 않습니까?

조국혁신당은 윤 대통령이 이번 사안을 어떻게 처리하는지 두 눈 부릅뜨고 지켜보겠습니다. 그리고 국민과 함께 할 일을 하겠습니다.

윤 대통령은 황상무 대통령실 시민사회수석을 당장 경질하십시오. '회칼수석'이라는 별명을 얻었습니다. 대통령 핵심 참모의 일입니다. 긴 말 필요 없습니다. 사과로 끝날 일이 아닙니다. 국민을, 언론을 겁박한 죄를 엄히 묻기 바랍니다.

김용현 경호처장을 당장 집으로 보내십시오. 그는 '입틀막'이라는 신조어를 전 국민이 알게 만들었습니다. 그게 경호입니까? 국회의원은 국민을 대표하고, 대학원생은 국민 그 자체입니다. 이들 입을 막아서 무엇을 하려고 합니까? 김 처장을 경질하고 대통령이 직접 사과하십시오.

저는 윤석열 검찰독재정권에 대한 국민의 분노가 임계점을 향하고 있음을 느낍니다. '3년은 너무 길다'는 조국혁신당의 슬로건에 많은 국민들이 지지와 성원을 보내주고 계십니다. 저자신도 놀라울 정도입니다. 한편으론 두렵습니다. 저희가 국민의 바람을 다 담을 그릇이 될지 걱정이 됩니다. 저를 포함해 이자리에 함께한 조국혁신당 비례대표 후보자들은 몸이 부서지더라도, 뼈를 갈아 넣어서라도 국민의 명령을 받들기 위해 노력하겠습니다.

세계의 권위 있는 기관들이 발표한 한국 민주주의 관련 지수는 가파르게 곤두박질치고 있습니다. 윤 대통령 취임 이후의 일입니다. 최근에는 놀랍게도 30년 전 사라진 독재화가 진행 중이라는 결과까지 발표되었습니다. 검찰독재정권의 어두운 장막을 걷어내고, 민주공화국을 되찾아야 합니다. 저 조국은, 조국혁신당 국회의원 후보들은, 맨 앞에서, 그리고 맨 마지막까지 싸우겠습니다.

조국혁신당 비례 후보 박은정입니다. 조국혁신당에 대한 국민적 지지와 검찰독재정권 조기종식에 대한 국민적 열망을 담아 열심히 일하겠습니다. 국민의 슬픔과 아픔에 칼질을 하고 명품백으로 하늘을 가리는 시대적 패륜 집단을 반드시 청산하겠습니다.

윤석열 검찰독재정권을 반드시 조기종식시키겠습니다.

3년은! 너무 길다!

3년은! 너무 길다!

3년은! 너무 길다!

2024.03.21 | 부산 서면 | 박지훈, 미디어몽구

무도한 정권을 향해 외치는 강렬한 경고

조국 대중연설의 완성판, 부산 서면 연설

창당 선언 후 다시 고향 부산을 찾은 조국

3월 21일, 조국 대표는 부산으로 향했다. 2월 13일 부산 민주공원에서 신당 창당 선언을 한 후 두 번째로 부산을 방문하는 날이었다. 이날 그는 오전에 먼저 부산 방송사인 부산MBC, KNN과 인터뷰를 진행한 후, 오후에는 부산광역시의회에서 언론들과 기자회견을 가졌다.

조국 대표가 2월에 창당을 선언할 당시에는 정가와 사회 곳곳에 비판과 폄훼, 견제가 가득했다. 하지만 그로부터 한 달 뒤 고향 부산을 다시 찾은 3월에 조국혁신당은 비례대표 지지율에서 19%(전화면접 방식 기준), 27~30%(ARS 방식 기준)를 기록하며 의석 10석 이상을 확보할 것

이라는 전망이 우세해졌다. 상전벽해(桑田碧海)가 일어난 것이다. 방문하는 곳마다 그를 대하는 언론과 국민들의 자세가 달라져 있었으니, 그간 스스로 '부산 사람'이라고 자랑스럽게 내세워 왔던 조 대표의 고향 부산의 반응은 말할 것도 없었다.

부산시의회 기자회견에서 그는 '부·울·경 메가시티' 재추진과 '지역균형발전 특별회계'의 획기적 증액을 강조했다. '부·울·경 메가시티'는 문재인 정부 시절 모두 민주당 소속이었던 부산, 울산, 경남 지자체장들의 합의와 문재인 정부의 전폭적인 지원 의지로 의욕적으로 추진되었으나, 윤석열 정부 출범 이후 무산된 사업이다. 윤석열 대통령은 총선이 다가오면서 부산 표가 궁해지자 '부·울·경 메가시티' 대신 '부산 특별법(부산 글로벌 허브도시 특별법)'을 추진하겠다고 밝혔지만 이 법안은 21대 국회 임기말에 접수돼 자동 폐기가 확정적이다.

조국 대표는 이날 기자회견에서 실현성이 불투명한 '부산 특별법'보다 김경수 전 경남지사가 추진했던 '부·울·경 메가시티'를 재추진해야 한다고 주장했다. '부산 특별법'에 이어 '울산 특별법', '경남 특별법'을 다 따로 만들 것이냐고 지적하고, 윤석열 대통령이 총선 후에 말을 또 바꿀 것이라며 내기를 해도 좋다고 했다.

조 대표가 이날 기자회견에서 더 강조한 것은 '지역균형발전 특별회계'의 획기적 증액이다. 노무현 정부 시절 도입한 이 특별회계는 서울과 지역 사이의 격차를 줄이고 균형발전을 도모하기 위해 매년 정부 예산에서 별도로 할당하는 예산이다. 그런데 이 특별회계는 노무현 정부 이후로 금액 단위로만 소폭 증가할 뿐 정부 전체 예산 대비로는 지속적으로 줄어들었다. 심지어 윤석열 정부가 내놓은 2024년 '균특회계' 예산은 다른 계정의 예산을 균특회계로 재분류한 뒤 총 금액이 늘었다고 주장하는 꼼수를 씀으로써 금액 단위로 따져봐도 더 줄어들었다. 23조 원 지방교부금 미지급과 함께 전국 각 지역에 이중고를 날린 것이다.

특별회계의 이런 실질적 감액은 부산을 포함한 모든 지역의 발전을 가로막는 중대한 문제다. 조 대표는 이 기자회견에서 정부 예산이 250%로 늘어나는 동안 균특회계는 거의 제자리 걸음으로, 사실상 40% 수준으로 줄어들었다고 밝혔다. 그리고 이 균형발전 특별회계를 획기적으로 증액함으로써 지역균형발전이 제대로 된 성과를 낼 수 있도록 모든 노력을 기울이겠다고 약속했다. (이후 조국혁신당은 총선 공약 발표에서 균특회계를 2배로 증액하고 '균형발전펀드'를 도입하는 내용의 공약을 확정했다.)

부산시민의 가슴을 뛰게 한 강력한 한 방 "이제 고마 치아라 마!"
시의회 기자회견을 마친 조 대표는 거리 연설을 위해 지하철을 타고 부산의 오랜 중심가인 서면으로 향했다. 지난 3월 14일 있었던 '광주 충장로 연설'에 이어 국민들의 마음에 두고두고 남을 '부산 서면 연설'이 이곳에서 이루어졌다.

평일 오후 부산 서면 '주디스태화' 사거리는 비교적 한산했다. 하지만 예고됐던 3시가 차츰 다가오자 여기저기서 부산시민들이 하나둘 모여들기 시작했고, 이내 사거리를 가득 채웠다. 시민들은 조 대표가 도착하기 전부터 〈부산 갈매기〉 등 노래를 합창하며 흥을 돋웠다. 이윽고 조국 대표 일행이 또다른 시민들에게 둘러싸여 도착하자, 모여 있던 시민들의 물결과 새로 온 시민들의 물결이 더 큰 하나의 물결로 합쳐지며 사거리를 빈틈없이 꽉 채웠다.

시민들의 환호 속에 등장한 조국 대표는 플라스틱 팔레트 받침대로 만든 낮은 임시 단상에 올랐다. 그리고 윤석열 정권을 향해 쩌렁쩌렁 외쳤다. "이제! 고마! 치아라 마!" 3월 15일 YTN 인터뷰에서 "느그들 쫄았제"와 "느그들 내가 끝을 본다"로 카리스마 있는 경고를 날린 것에 이어 또 하나의 부산말 구호를 선보인 것이다. 그것도 연설 중 세 번이나 반복함으로써 부산, 경남 지역 국민들에게 강한 인상을 남겼다.

부산에서 나고 자랐음에도 서울로 가서 '출세'하고 나면 마치 원래 서울 사람이었던 양 살아가는 이들이 많다. 그런 사람들에게 거리감을 느끼는 부산시민들은 총선 돌풍의 핵으로 사실상 '금의환향'한 조국이 대중연설에서 거친 부산말 "고마 치아라 마!"를 너무나 자연스레 구사하는 것을 듣고 가슴 깊이 숨어 있던 부산 사람으로서의 자부심, 혹은 자의식을 느꼈을 것이다. 또 그렇게 일

부산 서면을 찾은 조국 대표가 지지자들의 열띤 응원 속에 입장하고 있다.

몰려든 인파 속에서 육성 연설을 하는 조국 대표.

깨워진 자부심이 조국에 대한 호감으로 전환되었을 것이다.

이런 부산말은 맥락 없이 무절제하게 쏟아진 것이 아니라 그의 진심을 느끼게 해주는 대목에서만 제한적으로 사용되었다. 또 꼭 필요한 대목에서 적절한 대상을 향해 발설되면서 오히려 그의 발언 전반의 절제된 세련됨이 강조되는 부수적 효과도 불러왔다.

이 연설을 기점으로 조국혁신당의 부산 지역 지지율이 급격히 오르기 시작했다. 이는 울산과 경남까지 PK 지역 전반의 지지세로 확산됐으며, 이어 PK 지역 민주당 지역구 후보들의 지지율 상승으로까지 이어졌다. 이전까지 힘겹게 분투하던 민주당 PK 지역구 후보들이 여유 있게 앞서가게 되고 기존에 열세였던 후보들이 급격한 지지율 상승 효과를 본 사례가 적지 않았다. 조국혁신당의 비례대표 지지율 상승이 민주당 지역구 지지율 상승까지 이끌어 내는 '비조지민' 효과가 제대로 나타난 것이다.

한편 조국 대표가 이 연설에서 세 차례에 걸쳐 중요하게 언급한 '부마 민주항쟁'은 1979년 10월 16일에 부산의 반정부 시위에서 시작되어 부산과 마산으로 확산된 민주화운동으로, 김재규가 박정희를 저격한 10·26 사건을 촉발한 직접적이고 결정적인 계기다. 조 대표가 2월 13일에 창당 선언을 했던 부산 민주공원이 바로 이 부마 민주항쟁을 기리기 위한 곳이다.

한 가지 더 덧붙이자면 이 연설에서 윤석열 대통령이 거론

부산시민들 앞에서 연설하는 조국 대표.
강렬한 부산 사투리로 "이제 고마 치아라 마!"라고 외쳐 화제를 모았다.

했던 '대파 한 단 875원'에 대한 조국 대표의 일갈도 매우 유의미하다. '875원 대파'에 대한 세상의 비판이 '대통령이란 자가 세상 물정을 모른 다'라는 측면에 초점이 맞춰지고 있을 때, 조국 대표는 "그 가격이면 농민들은 밭을 갈아엎습니다"라면서 생산자인 농민들의 피해까지 함께 우려했다. 우리 국민 중에는 대파 소비자만 있는 것이 아니라 생산자도 있다는 중요한 사실을 빠뜨리지 않은 것이다.

부산 서면
연설문
(2024. 03. 21)

사랑하는 부산시민 여러분!

윤석열 검찰독재정권의 조기종식을 위해, 모든 것을 엎어 싸우고 있는 조국혁신당 대표 조국입니다.

고향에 오니 마음이 든든합니다. 바람 앞에 더 몸을 세우는 파도처럼, 우리 역사상 가장 길고 엄혹했던 유신독재를 무너뜨린 부마 민주항쟁의 위대한 힘처럼, 부산의 아들 저 조국의 결기도 더 단단해집니다.

저는 2월 13일, 제 고향 부산에서, 조국혁신당을 만들겠다고 국민 여러분께 고했습니다. 그리고 창당 17일째가 되는 어제, 한 여론조사에서 비례정당 지지율 30%를 넘었습니다. 부산, 울산, 경남도 31.5%라는 기적같은 지지를 보내주셨습니다. 억수로, 억수로 감사합니다!

조국혁신당은 돌풍을 일으키고 있습니다. 이 돌풍으로 인하여 무도하고, 무능하고, 무책임한 윤석열 검찰독재정권을 심판하자는 공감대가 대폭 확대되고 있습니다. 이제 조국혁신당은 누구도 막을 수 없는 거센 파도가 되었습니다. 부산시민 여러분들께서 조금만 힘을 보태주신다면, 이 파도는 더욱 거세질 것입니다. 그리하여 윤석열 검찰독재정권을 삼켜버릴 것입니다. 조국혁신당은 더 겸손하게, 더 낮은 자세로, 국민 여러분의 비판을 수용하며 걸어갈 것입니다. 그러나 입틀막 정권에 대해서는 단호히 맞설 것입니다.

저 조국은, 민주주의 회복을 위해 파란 불꽃을 당겨 유신을 종식시킨 부산시민의 용기를 잊은 적이 없습니다. 저 조국은, 전두환 독재정권 종식에 발화점이 된 저의 혜광고등학교 후배, 박종철 열사의 죽음을 잊은 적이 없습니다. 조국혁신당이 선봉에 서서, 민주주의를 파괴하고 민생을 파탄시키는 권력을 하루빨리 끝장내겠습니다.

사랑하고 존경하는 부산시민 여러분, 윤석열 정권은 명백히 관권선거를 하고 있습니다. 부산을 포함하여 전국을 돌며 부도수표를 던지고 있습니다. 우리 국민의 수준을 무시한 막걸리 선거, 고무신 선거를 하고 있는 것입니다. 철저히 조사해 그 책임을 물을 것입니다.

조국혁신당은 윤석열 정권의 핵심 인사들의 범죄와 비리를 밝혀 정당한 징벌을 받도록 할 것입니다. 조국혁신당의 1호 법안, '한동훈 특검법'을 통해 윤석열 정권의 황태자도 처벌을 받도록 하겠습니다. 채상병 사망과 수사 외압 사건, 그리고 이태원 참사에 대한 철저한 진상 조사와 책임자 처벌이 이루어지도록 모든 노력을 다하겠습니다.

총선을 의식해 '도주대사' 이종섭을 다시 불러들였습니다. 그리고 '회칼수석'을 자진 사퇴로 마무리했습니다. 그러나, 이 꼼수에 넘어가서는 안 됩니다. 이종섭 장관에게 채상병의 죽음에 대한 수사를 축소하라고 시킨 자! 공수처가 수사를 전개하자 해외로 도주시킨 자! 그자들의 책임을 묻겠습니다.

존경하는 부산시민 여러분, 저는 윤석열 검찰에 의해 멸문지화의 경험을 당했습니다. 저는 잃을 게 없습니다. 그래서 두려움이 없습니다. 무간지옥을 견뎌낸 결기로, 제가 맨 앞에 서겠습니다. 조국혁신당이 국민들과 연대해 끝을 보겠습니다.

존경하는 부산시민 여러분! 지난해 우리나라 무역수지가 세계 198위로, 85위인 북한보다 아래입니다. 무역적자 폭은 IMF 위기 당시보다 더 많습니다. 무능력과 무책임의 극치입니다. 그리고 대파 한 단 가격이 875원이라고 생각하고, 이 875원이 합리적이라고 생각하는 사람이 누굽니까! 대파 한 단 가격이, 875원이라고 생각하는 사람이 우리나라의 대통령입니다! 그 가격이면 농민들은 밭을 갈아엎습니다. 부산 시내 마트 어디에서 875원으로 대파 한 단을 살 수 있습니까? 윤석열 대통령의 무지함 때문입니까? 윤석열 대통령의 무능함 때문입니까? 아닙니다. 둘 다 때문입니다! 부끄러움과 절망은 국민의 몫입니다.

제가 고향 부산에 온 만큼, 윤석열 대통령에게 부산 사투리로 경고합니다. 이제, 고마, 치아라 마!

한 번 더 하겠습니다. 이제, 고마, 치아라 마!

윤석열 대통령에게 경고합니다. 국민의 입을 틀어막지 말고, 자신의 입을 막으십시오. 검찰권을 활용하여 정적 탄압에 골몰하지 말고, 자기 자신과 가족, 측근의 비리를 수사할 수 있도록 특검법에 동의하십시오. 한 나라의 대통령과 집권 여당이, 국민이 피로 지켜낸 민주주의와 국민경제를, 우리 아이들이 살아야 하는 조국의 미래를 송두리째 파괴하려 하고 있습니다.

존경하는 부산시민 여러분, 조국혁신당은 더 빠르게, 더 강하게, 더 단호하게, 더 선명하게 행동할 것입니다. 조국혁신당이 추진할 제7공화국 헌법 전문에 부마 민주항쟁의 정신이 오롯이 담길 수 있도록 주도적 역할을 하겠습니다. 법적·제도적 공인이 이루어진 4·19혁명처럼, 헌법 전문에 부마 민주항쟁의 민주 이념을 명시하겠습니다.

그리고 무너지는 서민경제도 다시 일으켜 세우겠습니다. 경기도 김포도 서울에 편입시켜 서울공화국을 더 강화하려는 윤석열 정권의 시도를 무너뜨리고, 지방분권과 균형발전을 이루겠습니다.

사랑하는 부산시민 여러분, 조국혁신당에 분에 넘치는 지지와 성원을 보내주셔서 대단히 감사합니다. 4월 10일은 윤석열 정권과 대한민국 국민이 한판승부를 벌이는 날입니다. 저 조국과 조국혁신당이 앞장서서 검찰공화국을 민주공화국으로 되살리고 무너지는 대한민국을 바로 세우라는 국민의 명령을 받들겠습니다.

여기 모이신 부산시민 여러분과 함께 구호 하나 외치겠습니다!

3년은! (너무 길다!)

3년은! (너무 길다!)

3년은! (너무 길다!)

마지막으로 늦게 오신 분들 있는 것 같아서 윤석열 대통령에게 다시 한번 경고합니다. 기억하시는 분들은 같이 해주십시오!

이제, 고마, 치아라 마!

조국혁신당
박은정·차규근·김형연
비례대표 후보
대검찰청 앞 기자회견문
(2024. 03. 22)

검찰이 압수수색으로 얻은 민감한 개인정보를 불법으로 저장하고 활용해 온 공포의 '전자 캐비닛' 디넷(D-net)의 실상이 어제 〈뉴스버스〉 보도로 세상에 알려졌습니다. 검찰이 압수수색 영장에 포함되지 않은 민감한 개인정보와 사생활이 담긴 휴대폰 정보를 불법적으로 수집, 관리, 활용해 왔다는 충격적인 내용입니다.

아무리 수사 대상자라고 하더라도 영장에서 허용되지 않은 디지털 기기의 소셜미디어 대화, 문자메시지, 이메일, 동영상 등을 수집하고 사용하는 것은 명백한 민간인 사찰에 해당합니다. 이것이 사실이라면, 이는 과거 독재정권의 정보기관이 민간인을 미행, 도청하고 사찰한 '안기부 미림팀'보다 더 추악한 범죄입니다. 디지털 시대에 맞춤하게 진화한 신종 디지털 범죄에 해당합니다.

검찰의 철제 캐비닛은 영화 등을 통해 많이 알려져 있습니다. 필요한 때에 민감한 정보를 꺼내어 정적을 탄압하고 정치에 개입하는 방식입니다. 캐비닛은 그 자체로 공포입니다. 그런데 이제 검찰이 철제 캐비닛이 아니라, 디넷(D-net)이라 불리는 디지털 캐비닛을 사용해 왔음이 이번 보도를 통해 드러났습니다.

검색 한 번으로 방대한 분량의 불법 취득 정보를 수사에 활용하는 것은 생각만 해도 끔찍한 일입니다. 수사와 전혀 관련이 없는 사생활, 사적인 대화 내용, 민감 정보 등이 대검찰청 서버에 남아 있다고 생각하니 정말 소름이 끼칩니다. 수사 대상이 아닌 시민 누구라도 그 대상이 될 수 있습니다. 이런 불법 사찰 행위가 공공연하게 이뤄지다가 윤석열 검찰총장 시절 대검 예규를 통해 조직적으로 이루어졌다는 점에서 더욱 심각합니다.

조국혁신당 비례대표 후보들은 참담한 심경으로 윤석열 전 총장에게 묻습니다. 판사 사찰로도 부족했습니까? 민간인 사찰 예규를 도대체 왜 만들었습니까?

이원석 현 총장에게도 묻습니다. 국민의 민감한 개인정보가 대검찰청 서버에 저장되어 있습니까? 법적 근거가 무엇입니까? 국민의 기본권이랑 헌법 가치는 대검의 예규만도 못한 것입니까? 검찰은 총장을 정점으로 하여 조직된 범죄단체입니까?

조국혁신당은 오늘 윤석열 전 검찰총장을 비롯한 민간인 사찰에 가담한 관련자들을 고위공직자범죄수사처에 고발할 것입니다.

조국혁신당은, 수사를 빙자한 민간인 불법사찰 행위를 좌시하지 않을 것입니다. 검찰독재정권으로부터 국민의 기본권을 지키기 위해 맨 앞에서, 그리고 끝까지 싸울 것입니다.

이와 더불어, 향후 사찰 피해자들과 함께 검찰을 상대로 정보공개청구 및 소송을 진행할 것입니다. 22대 국회에서 개원 즉시 '검찰의 민간인 불법 사찰 의혹 사건 진상 규명을 위한 국정조사'를 추진하겠습니다.

2024.03.23 | 제주 4·3평화공원, 동문시장 | 박지훈, 미디어몽구

제주인의 한을 풀어줄
제주 4·3 특별법 개정을 약속하다

제주 4·3 추모와 '4·3 특별법' 개선 의지 발표

더 이상 국가권력에 의해 무고한 국민이 희생되는 일은 없어야
3월 22일 저녁 조국 대표는 1박 2일 일정으로 제주를 찾았다. 창
당 선언 후 첫 제주 방문으로, 조국혁신당 비례대표 9번을 배정
받은 제주 출신 정춘생 전 청와대 여성가족비서관도 동행했다.

　JIBS, 제주MBC 두 방송사와 연이어 인터뷰를 마친 조 대표
는 제주도당 창당발기인대회가 예정된 제주 상공회의소로 향했
다. 그는 이 대회 인사말에서 조국혁신당이 창당 한 달도 되지 않
았음에도 각종 여론조사에서 높은 지지율을 기록하고 있다는 점
을 강조하고, 그것은 윤석열 정권의 무능함, 무도함, 무책임함,
무자비함 때문이라고 각종 사례를 들어 조목조목 역설했다.

조국 대표는 제주의 역사적 아픔인 4·3 사건도 잊지 않았다. 그는 4월 총선 이전에 항상 4월 3일이 돌아온다며, 4·3에 대해 어떠한 태도를 보이는지가 제주도민들이 선거에서 고려해야 할 요소라고 생각한다고 말했다. 이어 '4·3 특별법'이 존재함에도 불구하고 집권 여당과 후보가 4·3을 폄훼, 비방, 조롱하는 망언을 일삼고 있다고 비판하며, 4·3 사건을 "국가권력에 의해 무고한 국민들이 희생된 사건"이라고 규정했다.

또 4·3에 대한 기억은 단순히 제주도민들만의 것이 아니며 4·3 이후 전국에서 유사한 사건들이 발생했고 더 가까이는 5·18이 있었다고 설명했다. 이 사건들이 모두 "전체적으로 같은 맥락"이라는 것이다. "국가권력에 의해 희생됐던 사람들을 추모하고, 위로하고, 보상하는 것이 국가의 최소한의 의무"인데도 윤석열 대통령은 당선자 시절에 딱 한 번 4·3 희생자 추념식에 참석했을 뿐 취임 이후에는 단 한 번도 참석하지 않았다는 점을 지적하며 "이번 4·3에는 반드시 참석하라"고 촉구하기도 했다.

또 '5·18 특별법'과 비교할 때 '4·3 특별법' 내용에는 비난 행위에 대한 처벌 규정이 없고, 유가족에 대한 지원과 종교적 차원 지원에 관한 법률적 근거도 빠져 있다는 점을 지적했다. 조 대표는 조국혁신당의 우선적 과제인 윤석열 정권 조기종식과 선진복지국가를 달성하는 것 외에도, 각 지역 단위에서 중요한 의미를 갖는 현안들 역시 외면하지 않을 것이라고 약속했다.

이어 서귀포시 남원읍 출신인 정춘생 후보와 외가가 제주시 애월읍인 신장식 후보를 거명하며 "정춘생은 제주의 딸, 신장식은 제주의 외손자"라고 소개하고, 제주 관련 현안은 이들 후보가 각별히 챙길 것이라고 말했다.

4·3에 대한 정치인들의 왜곡과 폄훼, 법안으로 개선하겠다

조 대표는 다음 날도 제주에 머무르며 일행과 함께 4·3평화공원 일정을 이어갔다. 위령제단에서 헌화와 분향을 마친 조 대표는 위패봉안실과 4·3 행방불명인 표석 묘역, 희생자 각명비 등을 둘러보면서 김종민 4·3평화재단 이사장의 설명과 당부를 들었다. 김종민 이사장은 제주신문 기자로 시작해 36년간 4·3의 진실 규명과 진상 조사, 특별법 제정에 힘쓰는 등 4·3 관련 활동에 평생을 헌신해 온 인물이다.

이어 4·3기념관에서 4·3 유가족 대표자들과의 간담회를 가졌다. 이 자리에서 조국 대표는 "윤석열 정권과 국민의힘이 역사 왜곡으로 제주 사회에 갈등을 만들고 도민들이 희생당하게 해서는 안 된다고 생각한다"며 "윤 대통령은 당선자 시절 추념식에 참석한 이후 4·3 관련 공식 행사에는 참석하지 않고 있다"고 거듭 지적했다.

그러면서 "4·3에 대한 왜곡이 자꾸 일어나고, 유족에 대한 폄훼 및 모욕 등이 집권 여당 정치인에 의해 이뤄지고 있다. 이를

일행과 함께 제주 4·3평화공원을 찾은 조국 대표.

조국 대표가 김종민 4·3평화재단 이사장의 말을 경청하고 있다.

막기 위해 현직 대통령이 머리를 숙이고 추모를 해야 한다고 생각한다"며 "윤 대통령의 참석을 다시 한번 공개적으로 요청한다"고 말했다.

이외에도 4·3 유족들은 조 대표를 향해 4·3에 대한 명예훼손, 왜곡과 관련된 처벌 조항을 '4·3 특별법'에 명시해 줄 것을 촉구했다. 또 현재 희생자에 대한 보상금이 지급되고 있긴 하지만 그 당시의 배우자 및 자녀 등에 대한 피해 회복은 이뤄지고 있지 않다며 이와 관련해서도 입법을 통해 문제를 해결해 달라고 건의했다. 아울러 4·3 수형인들 재심을 통해 그들의 명예회복에 좀 더 힘써줄 것을 요구하고, 4·3트라우마센터 운영에 국가 차원에서 더욱 힘쓸 필요가 있다는 점을 강조했다.

유족들의 말을 경청한 조국 대표는 먼저 4·3의 정명 문제 해결에 힘쓰겠다는 점을 밝히면서, 4·3 왜곡 및 폄훼 행위에 대한 처벌 문제를 "충분히 검토해 보겠다"고 말했다. 또 트라우마센터 운영과 관련해서는 "예산과 관련된 문제는 국회 차원만이 아니라 기획재정부와도 이야기를 해봐야 한다"며 "그 외의 법률 개정 문제는 저희가 국회에 들어가게 되면 차례차례 개정안을 만들어 내겠다"고 약속했다.

이어진 기자들과의 질의응답에서 조 대표는 현재 '4·3 특별법'에서 4·3 사건을 부정적 의미가 내포된 '소요사태'라고 규정하고 있는 점에 대한 개선과 '5·18 특별법'처럼 처벌 규정을 추가해

제주 동문시장에서 시민들과 기념 사진을 촬영하는 조국 대표.

달라는 요청을 받았다면서, 민주당과 힘을 합해서 법안 개정을
추진하겠다고 밝혔다.

이어 조국 대표 일행은 점심 식사가 예정된 제주 동문시장
으로 향했다. 처음에는 다소 한산했던 이 재래시장 거리는 조국
대표 일행을 뒤따르는 사람들과 취재진으로 북적거리기 시작했
다. 조 대표는 시장 상인, 방문객들과 쉴 새 없이 인사를 나누고
함께 사진을 찍으면서 시장 거리를 천천히 이동했다. "조국! 조
국!" 하고 외치는 연호와 "조국 파이팅!" 같은 격려의 외침, 박수
가 여기저기서 터져 나왔다.

조국 대표는 다른 사람과 인사를 나눌 때 상대가 누구든 허리를
한껏 숙이는 깍듯하고 겸손한 자세가 몸에 배어 있는 사람이다. 시장에
서도 그렇게 일일이 허리를 숙여가며 인사하는 모습을 지켜보던 한 사

람은 "한동훈은 윤석열한테 저렇게 하던데, 조국은 상대가 다르네"라고 평가하기도 했다. 조 대표를 따라온 시민 중에는 그의 저서《디케의 눈물》을 꺼내 사인을 받는 사람도, 가까이 다가와 조국혁신당에 투표할 거라고 다짐하는 사람도, 장사하다 쫓아와 환하게 웃는 얼굴로 손 한 번 잡아주고 돌아서는 할머니도 있었다. 스스럼없이 조국 대표에게 다가와 사진 촬영을 요청하며 셀카를 함께 찍는 청년도 여럿 있었다.

이렇게 제주에도 조국혁신당에 대한 지지세가 들불처럼 퍼져나가기 시작했다.

2024.03.27 | 한국프레스센터 | 박지훈

정권 심판의 기치를 전 세계에 타전하다

조국 대표, 첫 외신기자회견 개최

윤석열 정권을 심판할 대의명분을 밝히다

3월 27일 오후, 조국 대표는 서울외신기자협회 초청으로 첫 외신 기자회견을 가졌다. 한국프레스센터에서 열린 이 기자회견에는 뉴욕타임스와 AFP통신을 비롯해 블룸버그, 알자지라, 이코노미스트, NHK 등 66개의 외신이 참석을 신청하고 100여 명에 가까운 기자들이 참석하며 뜨거운 취재 열기를 보여주었다.

조국 대표는 모두발언에서 지난 문재인 정부 당시 '눈 떠보니 선진국'이라는 자부심을 가진 나라였던 대한민국이 '눈 떠보니 후진국'으로 전락하고 민주주의가 후퇴하고 있음을 지적했다. 스웨덴 민주주의다양성연구소(V-Dem)에서 발표한 '민주주의 리

포트 2024'를 인용해 한국이 독재화가 진행되는 나라로 평가되고 있다며, "언론인들이 기소당하고 자유가 위축되고 있다"고 말했다. 또 "경제는 활력을 잃고 남북 대화는 단절되면서 윤석열 정부가 우리 국민이 피와 땀으로 지켜온 민주공화국 가치를 무너뜨리고 있다. 국민들의 자부심, 자존심을 망가뜨리고 있다"고 덧붙였다.

이날 조국 대표는 외국 기자들에게 다소 생소할 수 있는 '검찰독재정권'이라는 말의 역사적 의미를 구체적으로 설명했다. 1960년대 박정희와 1970년대 전두환의 군사독재정권을 지탱하는 하수인이었던 검찰이 민주화의 수혜를 가장 많이 받고는 스스로 권력이 되기로 결심했다는 내용이었다. 윤석열 대통령과 한동훈 국민의힘 비대위원장은 과거 쿠데타를 모의하고 실행한 정치군인들과 다를 것이 없다고 지적하기도 했다.

또 이재명 대표와 자신이 수년째 수사와 재판을 받는 동안 검찰은 윤석열 대통령과 그 가족, 그리고 한동훈에게만 관대한 태도를 보였다며, 해외에서도 크게 보도된 김건희의 명품백 사건과 주가조작 혐의를 거론했다. 검찰이 제대로 된 수사를 진행하지 않아 특검법을 통과시켰으나 윤 대통령이 거부권을 행사했다는 내용도 설명했다. 이어 채상병 사건과 그 수사 과정에서 발생한 외압 사건, 호주대사 도피 사건, 이태원 참사를 하나하나 언급하며 이 일들에 대해 윤석열 정부의 누구도 책임지지 않고 있

한국프레스센터에서 첫 외신기자회견을 연 조국 대표.

기자회견에 참석한 외신기자가 조국 대표에게 질문하고 있다.

다고 지적하고, 자신이 대한민국의 부끄러운 현실을 외신 기자
들 앞에서 언급하는 것은 한국 언론 대다수가 눈을 감고 있기 때
문이라고 했다.

조국 대표는 촛불혁명 이후 워싱턴포스트에 "한국은 민주주
의가 무엇인지 세계에 보여주었다(Korea just taught the world how to
do democracy)"라는 보도가 올라오고, 미국 장관으로부터 민주주
의 모범국이라고 칭송받았던 일을 되짚어 설명했다. 그랬던 한
국이 '눈 떠보니 후진국'이 되었다는 처참한 상황을 이야기하며
윤석열 정권 심판의 대의명분을 설명했다.

그런데 기자 간담회 중 조국 대표가 통역사의 말을 끊은 일
이 있었다. 조 대표가 딸 조민 씨에 대해 "(딸이) 자신의 학위와 의
사 면허를 '스스로 반납'했다"고 말한 부분을 통역사가 'revoke(철
회)'라는 영단어로 표현했을 때다. 조 대표는 통역이 끝나자 그에
게 '자발적'이라는 뜻의 단어로 수정해 줄 것을 요구했고, 통역사
는 곧장 "Voluntarily returned(자발적인 반납)"이라고 정정해서 통
역했다.

이날 외신기자회견 이후 프랑스의 AFP통신사는 '한국의 분
노한 유권자들이 현 정부에 저항하는 메시지를 담은 새로운 정
당으로 모여들고 있다'는 내용의 기사를 전 세계 제휴 언론매체
에 송고하기도 했다. 조국 대표와 외신기자들의 질의응답 중 주
요한 내용을 추려 소개한다.

외신기자들과의
질의응답
(2024. 03. 27)

Q. 정치 참여를 결정했을 때 딸과 부인 등 가족들의 반응은 어땠는가?

가족회의를 열어 아빠의 결심을 얘기했을 때 모두 아무 말 없이 고개를 끄덕였다. 딸은 "아빠 하고 싶은 것 다 하세요", "내 걱정은 하지 마"라고 했다.

Q. 조국혁신당 슬로건 중 하나가 '3년은 너무 길다'라고 들었다. 윤석열 탄핵은 어떻게 추진할 계획인가?

윤석열 정권 조기종식은 탄핵만을 의미하는 것은 아니며, 조기종식과 탄핵은 다른 의미다. 한국은 미국과 달리 대통령의 불법이 확인돼야만 탄핵이 가능하며, 조기종식은 탄핵에 국한한 것이 아니라 조국혁신당과 제1당인 민주당이 상당한 의석을 확보한다면 윤석열 정권의 체제에 균열을 낼 수 있다. '레임덕'에 이어 '데드덕'으로 만들 수 있게 되는 것이다.

Q. 기자회견문에서 미국에 대한 언급은 거의 보이지 않는다. 미국과의 관계, 즉 미국과의 군사훈련, 한미일의 3자 관계에 대해서는 어떤 입장인가?

준비된 기자회견문은 국내 문제에 한정된 것이고, 짧게 답하자면 윤석열 정부의 외교 정책이 냉전 시대로 돌아갔다고 생각한다. 한국과 미국이 군사동맹 관계라는 것은 당연한 기본 전제이지만, 윤석열 정부는 외교의 기본은 국익 확보라는 점을 망각하고 있다고 본다.

한미일 진영 편향으로 외교 정책이 이루어지면서 중국이나 러시아 등 다른 나라와의 외교가 없어져 버리거나 심지어 적대적인 상황까지 연출되고 있어 매우 우려하고 있다. 우리나라는 미국과는 군사동맹을 맺고 있지만 일본과는 동맹 관계가 없다. 한미일은 별도의 안보 협력관계인 것이다.

Q. 2심에서 유죄 판결을 받았는데도 창당한 이유는 무엇인가? 만약 대법원 유죄 판결이 나면 어떻게 할 것인가?

내가 1, 2심에서 유죄 판결이 난 것은 우리 국민 모두가 알고 있다. 법률가가 아니면 잘 모를 수 있는데, 해당 사건의 사실관계는 대부분 정리가 되어 있다. 다만 어떠한 법리를 적용할 것인가에 큰 차이가 있는 상황이다.

예를 들어 1심 판결에서 재판부가 판결문을 읽기 전에 세

판사 사이에서 어떤 법리를 적용할 것인가에 대해 의견 차이가 있었다. A와 B 법리가 있을 때 A를 적용하면 유죄, B를 적용하면 무죄가 되는데, 유죄가 적용되는 쪽으로 다수가 모임으로써 유죄 판결이 났다. 사실관계가 바뀌는 게 아니라 어떤 법리를 적용하는지에 따라 완전히 다른 결론이 나는 사건이다.

그래서 당연히 대법원에서 이 문제를 다퉈야 한다고 생각한다. 1심 법원의 판사들 사이에서도 법리 적용에 의견 차이가 있었는데, 내가 그걸 다투지 않는다면 매우 이상한 일이다. 대법원에서 다시 판결받고자 하는 것은 최소한의 기본권이다. 그것을 막는다면 독재국가라고 할 수밖에 없다.

나는 우리 대법원이 언제 어떤 결정을 할지 모르고, 영향을 미칠 수도 없다. 3권이 분립되어 있기 때문이다. 그렇지만 대법원 판결이 언제 어떻게 날지 모르는 상태에서 골방에 처박혀서 살 수는 없다고 생각한다.

스피노자의 말이었던 것으로 기억하는데, 내일 지구가 멸망하더라도 오늘 사과나무를 심을 것이고, 언제 대법원에서 판결이 날지, 나에게 최악의 판결이 나올지 모르는 상황이지만 그전까지 가만히, 조용히, 입 닫고 살지는 않겠다는 결심을 하고 창당한 것이다.

Q. 한국 정치에서 일어나는 이런 심판, 복수의 과정을 건강한 정치의 모습이라고 볼 수 있나? 정권이 교체될 때마다 이런 복수가 이루어지는 것에 대해 정치적으로 어떻게 생각하는가?

나와 우리 당은 복수(revenge)라는 단어를 쓴 적이 한 번도 없다. 만일 내가 복수를 원한다면 칼을 들어야 할 것이다. 나는 법을 지키는 사람이고, 법을 지킬 것이고, 그 법은 윤석열 대통령과 그 가족, 한동훈 비대위원장에게도 적용된다. 법을 적용하는 것이 복수일 수는 없다. 법을 적용해서 특정한 불이익이 생기는 것은 정당하고 합법적인 응징(legitimate punishment)이라고 불러야 할 것이다.

Q. 현재 대한민국에서 표현의 자유, 언론의 자유 보장과 관련해 우려되는 부분이 있는지?

나는 정치인이자 공인으로서 어떠한 비판도, 비난도, 조롱도 받아들여야 한다고 생각한다. 정치인이 되기 전부터, 학자 시절부터 갖던 소신이다. 문재인 정부도 그런 입장을 취했다. 그런데 윤석열 정부 들어서는 표현의 자유가 심각하게 제약을 받고 있다. 언론 보도의 경우, 특정 시점에 일부 오보가 있으면 기자들이 수정하면 된다. 그런데 오보를 냈다는 이유로 언론인들을 압수수색하고 명예훼손죄로 처벌하려 하는 모습에 매우 실망하고 개탄을 금치 못했다. 여고생이 '윤석열차'라는 풍자 만화를 그렸더니 그것을 전시했던 전시 기관에 대해 재정적 제재를 가하는 일이 있었다. 정치적 민주화 이후에 대한민국이 유지해 오고 있던 표현의 자유가 추락하고 있다고 생각된다.

또 어제 국회에 가서 직접 기자회견을 했던 내용인데, 최근 국내 기자 세 명이 윤석열 정부에 대한 비판 기사를 썼다가 휴대전화를 압수수색당했다. 우리나라 법률과 판례에 따르면 범죄혐의가 있는 정보만 휴대전화에서 뽑고 나머지는 폐기하게 되어 있음에도 불구하고 검찰청이 휴대전화 전체를 이미징, 복사해서 보관하고 있다는 것이 확인되었다. 이는 명백한 불법이며, 이런 일들 또한 표현의 자유에 대한 심각한 침해라고 본다.

Q. 대법원 판결이 안 좋은 방향으로 나온다면 어떻게 정당을 이끌어나갈 것인가?

조국혁신당은 개인의 소유물이 아니다. 나와 함께하는 국회의원들, 정치인들이 있고 또 15만 명의 당원들과 지지하는 국민들이 있기 때문에 계속 유지될 것이라고 생각한다. 설령 투옥된다고 하더라도, 이미 20대 시절에 국가보안법으로 감옥에 갔다 살아 온 적이 있어서 잘 견딜 것 같다. 우리 조국혁신당 당원들, 국회의원들도 잘 견딜 것이라고 본다.

3부

전쟁과 승리
(2024년 3월 28일~4월 10일)

2024.03.28 | 부산-대구-대전-서울 | 박지훈

조국혁신당이 불러일으킨 동남풍이 전국으로 확산되다

공식 선거 운동의 시작과 '조국버스' 출발

총선 출정식과 함께 시작된 조국의 '응징 투어'

공식 선거운동 기간이 시작된 3월 28일, 조국 대표는 이번에도 부산을 가장 먼저 찾았다. 2월 13일 창당 선언, 3월 21일 부산시의회 기자회견과 서면 거리 연설에 이은 세 번째 방문이다.

조국 대표는 전날 자정 무렵 이미 부산역에 도착해 있었다. 그리고 28일 아침 일찍 조국혁신당 후보들, 부산시당 관계자들과 함께 부산 해운대의 센텀시티역에서 출근길 인사에 나섰다. 비가 내리는 가운데 역 바깥에 서서 부산시민들과 반갑게 인사하고 사진도 촬영하던 조 대표와 일행들은 빗방울이 점점 굵어져 우산을 쓰고 인사를 이어가기 어려워지자 역 안으로 이동했다.

바쁜 출근길임에도 많은 시민들이 다가와 인사를 건네고 손을 잡아주었다. 조국 대표와 함께 사진을 찍기 위해 출근도 미루고 긴 줄 뒤에 서서 기다리는 시민도 있었고, 조국 대표의 저서를 가져와 사인을 받거나 무언가 소중히 싸와서 건네주고 가는 시민도 있었다. 지나치면서 "조국! 조국!"을 외치거나 "3년은!"이라고 선창하기도 했다. 조국 일행은 반가운 마음으로 "너무 길다!"라고 호응했다.

직장인들의 출근 시간이 지나자 조국 대표는 멀지 않은 동백섬 등대로 향했다. 총선 출정식을 위해서였다. 조국혁신당의 모든 비례대표 후보가 등대 앞 계단에 늘어선 가운데 출정식 '기자회견'이 시작됐다.

이날부터 공식 선거운동 기간이 시작되면서 비례대표 정당인 조국혁신당은 다른 정당들보다 악조건에 처하게 됐다. 공직선거법상 마이크도 쓸 수 없고 연설도 할 수 없는 상황이 온 것이다. 그래서 '기자회견'의 형식을 빌려 유세를 할 수밖에 없었다. 조 대표는 먼저 이러한 사정에 대해 기자들과 지지자들에게 양해를 구했다.

조 대표는 공식 선거운동의 첫 시작을 부산으로 결정한 의의로 10·26을 촉발한 '부마 민주항쟁'을 꼽았다.

"윤석열 독재정권하에서 우리가 힘들어하고 고통받고 있는데, 역사를 돌이켜 보면 군사독재정권도 우리 부산시민들이 일어나서 해결했습니다. 그 뜻을 되살리기 위해 이곳 부산에서 시작

센텀시티역에서 출근하는 시민들과 인사하는 조국 대표.

해, 위로, 대구로, 대전으로, 서울로 오늘 올라갈 것입니다. 부산에서 조국혁신당이 동남풍을 일으켜서, 전국으로 이 동남풍을 밀고 올라가겠습니다."

　이어진 기자들과의 질의응답에서는 공식 선거운동 첫 일정으로 부산 중에서도 굳이 해운대에 있는 센텀시티역을 택한 이유를 묻는 질문이 연거푸 나왔다. 해운대갑 지역구의 주진우 후보를 겨냥한 것이 아니냐는 질문이었다.

　센텀시티역은 '해운대구갑' 선거구로, 민주당 홍순헌 후보와 국민의힘 주진우 후보가 맞붙은 지역구다. '윤석열 사단' 검사 출신인 주진우 후보는 문재인 정부 환경부를 수사해 김은경 장관 등을 재판에 넘기고 윤석열 대통령실에서 법률비서관으로 근무한 바 있는 윤석열의 측근이다. 이 지역구에서 내리 3선을 했던 하태경 의원이 지역구를 서울로 옮기자 그 빈자리에 국민의힘이 주진우 후보를 단수공천한 것이다.

조 대표는 기자들의 질문에 "주진우 후보는 윤석열 정권의 탄생과 그 뒤의 윤석열 정권의 실정과 무능에 책임을 지는 사람"이라며 "윤 정권의 비리와 실정에 책임을 지고 대국민 사과부터 해야 한다"라고 일갈했다.

이어서 조 대표는 "저는 윤석열 정권의 탄생과 그 뒤로 벌어진 각종 행태에 가장 책임 있는 사람들, '저 사람은 진짜 4월 10일 이후에 안 봐야겠다', '저런 사람들은 TV에 나오면 안 되겠다' 하는 사람들을 찾아뵙겠다"고 했다. 이날 이후로 총선 기간 내내 이어질 '응징 투어'의 시작을 알린 것이다.

당초 이 선거구에서는 주진우 후보가 51%가 넘는 과반 지지율로 41%의 홍순헌 후보를 여유 있게 앞서고 있었다. 그런데 조 대표가 부산을 두 번째 방문해 서면 거리 연설을 선보인 직후 실시된 여론조사에서는 43% 대 39%라는 박빙 우세가 나와 판을 뒤집었고, 세 번째 방문 후에 실시된 여론조사에서는 홍순헌 후보가 50.9%로 과반을 차지하는 대역전을 보여주었다. 안타깝게도 최종 투표 결과에서는 승패가 다시 뒤집어졌지만 조 대표의 응징 유세가 부산 지역 표심에 단기간에 큰 영향을 미친 사실을 증명한 중요한 사례였다.

이어 다른 기자는 "2018년도 선거 이후로 흩어져 있었던 노무현의 사람들이 조국혁신당으로 많이 모이고 있는 것 같다. 공통 분모가 있다고 보느냐"는 질문을 던졌다. 이에 조 대표는 자신도 부산의 친구들, 지인들로부터 노무현 대통령을 따르던 분들이 부산 경남 지역에서 조국혁신당에 가입하거나 지지를 해주고 있다는 얘기를 많이 들었다고 답했다.

또 소수파 정치인이었던 노무현 대통령이 선명한 기치와 비전으로 전국을 뒤엎고 변화를 일으켰던 것을 언급하며, "부산시민들이 조국혁신당의 선명하고 단호한 모습에서, 그것을 노무현의 가치를 따르는 새로운 정당이 나타났다고 생각하시는 게 아닌가" 생각한다고 답했다.

조국, '보수의 심장' 대구의 마음을 사로잡다

부산 일정을 마친 조국 대표는 곧바로 대구로 향했다. 창당 선언 이후 대구 방문은 두 번째였다. 그는 3월 10일 저녁 대구에서 열린 창당준비위 당원 간담회 참석차 대구에 방문했던 바 있다. 그가 대구에 와서 가장 먼저 향한 곳은 대구 '국일따로국밥'이었다. 10일에 간담회를 가졌던 '몬스터즈크래프트비어'에서 지척인 곳이다.

조국 대표는 이 식당에서 일행, 지지자들과 함께 단체 점심식사를 했는데, 이례적으로 이 식사 일정을 사전에 공개하고 식사

중에 인터뷰를 진행하기까지 했다. 알고 보니 다 이유가 있었다.

'따로국밥'은 '대구 10미' 중 하나로 꼽히는데, 그중에서도 '국일따로국밥'은 78년 전통의 진짜 원조 집이라고 알려진 곳이다. 그런데 최근 수년 사이에 이곳은 다른 이유로 더 유명해졌다. 바로 검사 시절 여러 차례 대구에 근무했던 윤석열 대통령의 단골 식당이기 때문이다. 이 식당 곳곳에는 윤 대통령이 국밥을 먹는 사진과 사인이 걸려있는 것은 물론이고, "윤석열 대통령님 식사하신 자리"라고 따로 써 붙여둔 테이블도 있다. 윤 대통령은 2022년 5월 취임 직후에도 이 식당을 찾았다.

물론 조 대표가 그런 사실을 모르고 이곳에서 공개 식사 일정을 잡았을 리는 없다. 앞서 공식 선거운동 첫 일정으로 해운대 센텀시티역을 찾아갔던 것과 마찬가지로, 일부러 일행들까지 동반해 윤석열 대통령의 단골집을 찾아간 것이다. 조 대표는 식사가 나오기 전 후보들에게 '조국혁신당 점퍼'를 꺼내 입으라고 지시하기도 했다. 조국혁신당의 후보들과 당직자, 지지자, 취재진으로 구성된 수십 명 일행은 이렇게 윤 대통령의 단골집을 왁자지껄하게 점령하고 앉아 뚝딱 한 끼를 때웠다. 이날 조 대표는 페이스북에 "9욱밥이 억수로 9웃이었다"라고 글을 남겨 웃음을 자아내기도 했다.

식사 전 취재진이 조 대표더러 윤 대통령에게 한마디 해달라고 요청했을 때는 "어제 뉴스를 봤더니 윤석열 대통령이 대파를 송송 썰어서 김치찌개를 만들어서 봉사를 하시더라고요? 취미생활을 열심히 하시는 게 좋을 것 같습니다. 거기에 집중하시는 게 낫겠습니다"라고 일갈했다.

또 기자들과의 대화 중에는 대구 경북 지역에서 조국혁신당의 지지율이 20%나 나오고 있다면서, 이는 민주당에서도 전례가 없는 일이라고 자평했다. "대구가 전통적으로 보수 지역이기는 하나 그전과는 다른 모습"이라고 강조하기도 했다.

식사를 마친 조국혁신당 일행은 곧바로 인근에 있는 대구 지하철 중앙로역으로 향했다. 중앙로역 내에 마련된 '2·18 대구지하철 화재 참사 기억공간'을 방문하기 위해서였다. 조국 대표가 왔다는 소식을 들었는지 지하철로 내려가는 겨우 몇 걸음 사이에 주변으로 금세 인파가 모여들었고 "조국! 조국!" 하고 연호하는 소리가 사방을 채웠다.

시민들이 먼저 나서서 "3년은 너무 길다!"와 "치아라!", "치아뿌라!", "3개월도 괴롭다!" 등의 구호를 외쳤다. 여기가 과연 '보수의 심장'이 맞나 싶을 정도였다. 정권 심판 투사 조국의 등판에 대구 민심도 들썩이고 있음이 여실히 드러났다. '보수의 심장' 대구 거리에서 조국의 이름을 외치는 목소리와 환호가 우렁차게 쏟아지는 장면은 조국 대표조차도 예상하지 못했을 것이다.

'2·18 대구지하철 화재 참사 기억공간'은 2003년 2월 18일 오전 9시에 벌어졌던 지하철 내 화재로 인한 참사를 추모하기 위

조국 대표가 대구시민들과 함께 행진하고 있다.

해 마련된 공간이다. 이 작은 공간에는 당시 참사 현장에서 발견된 유류품과 집기, 기록들이 전시되어 있고, 한쪽 벽면에는 희생자들의 이름이 각인된 추모벽이 세워져 있다. 21년이 지난 지금 이 참사는 서서히 기억의 뒤편으로 가라앉는 중이다. 조 대표는 그런 참사의 현장을 잊지 않고 찾았다. 조 대표는 이곳에 헌화하고 공식적으로 추모함으로써 대구는 물론 전국의 국민들에게도 이 참사에 대한 기억을 흔들어 깨웠다.

추모 공간을 나서는 조국 일행의 뒤로 전보다 한층 더 많은 인파가 뒤따랐다. "조국! 조국!" 하는 연호도 한층 더 강렬해졌고, "대구도 디빕시다!"라는 구호도 여러 차례 터져 나왔다. 보수 정치인들이 수십 년간 지역을 독점하면서 쌓인 피로감과 불만이 조국의 대구 방문으로 한꺼번에 터져 나오는 것 같았다. 중앙로역을 떠나기 전 사진 촬영을 요청하는 시민들을 위해 잠시 걸음을 멈췄을 때는 몰려드는 인파 때문에 조 대표가 나서서 질서 유지를 단단히 당부해야 할 정도였다. 조국이 대구에서 이런 환대를 받을 거라고 그 누가 상상했을까.

"저는 대구, 힘지라고 생각하지 않습니다. 이 열기를 보십시오. 대구가 새로운 변화의 기점이 될 것이라 생각합니다."

조국혁신당의 힘과 비전을 담은 '조국버스' 출발

대구 방문을 마친 조국 대표는 다시 대전으로 향했다. 3월 24일 대전광역시당 창당대회 참석차 방문한 후 4일 만에 다시 방문한 것이다. 조 대표가 향한 곳은 대전 중구의 '으능정이 문화의거리'였다. 이곳은 조국혁신당에 합류한 황운하 후보가 현역 국회의원으로 활동하고 있는 곳이다. 황 의원에 이어 중구 지역구에 출마한 민주당 박용갑 후보를 간접 지원하기 위한 목적으로 짚어볼 수도 있다. (시당 창당대회 장소 역시 대전 중구였다.)

이곳 기자회견에서 조국 대표는 대전이 과학기술의 중심이라는 점을 강조하면서, 윤석열 정부가 역대 정부 중 최초로 R&D 예산을 삭감한 점을 비판했다. 이어 카이스트 졸업식에서 그에 항의하는 졸업생의 입을 틀어막고 들어낸 점을 규탄하고, 대전 시민들에게 윤 정부의 무도한 행위에 대한 경고 의사를 투표로 표현해 줄 것을 당부했다.

이날 기자회견에서는 한동훈 국민의힘 비대위원장이 조국 대표와 민주당 이재명 대표를 가리켜 '정치를 개같이 하는 게 문제'라고 발언한 것에 대해 어떻게 생각하는지 묻는 질문이 들어왔다. 조 대표는 "불교에 그런 말이 있습니다. 돼지 눈에는 돼지만 보인다, 부처 눈에는 부처만 보인다"라고 가볍게 받아쳐 지지자들의 환호를 받았다.

또 한동훈 국민의힘 비대위원장의 '세종시 국회 완전 이전' 공약에 대한 질문에는 제대로 된 지방분권이 이루어지려면 국회만 옮기는 것이 아니라 국민의힘이 수도 이전에 찬성하는지 여부를 밝혀야 한다면서, "용산 대통령실부터 옮겨라"라고 요구했다. 이어 사법기관, 사정기관도 옮겨야 한다는 소신을 가지고 있다면서 일반 시민들이 자주 가지 않는 대법원, 헌법재판소, 대검찰청 등을 지방으로 옮겨야 한다고 주장했다.

한편 이 기자회견에는 며칠 전인 3월 24일 청주 방문 당시 '나 20대다! 조중동 메~롱'이라고 쓴 손 피켓을 들고 와서 조 대표의 관심을 끌었던 20대 여성이 다시 나타나 눈길을 끌었다. 이번에는 '나 20대다! 또 왔지롱~ㅋㅋ'라고 적힌 피켓을 들고 있었다. 조 대표는 이번에도 그 시민을 연단으로 불러 직접 피켓을 손에 들고 지지자들에게 피켓의 내용을 보여주었다.

3월 28일 대전에서의 주요 일정은 '검찰독재 조기종식 국민과 함께하는 버스', 줄여서 '조국버스'의 발대식이었다. 공식 선거

'조국버스'를 타고 서울로 이동하는 조국혁신당 후보들.

운동 기간이 시작되면서 외관 전체를 조국혁신당 당명과 디자인
으로 꾸민 '조국버스'가 대전에서 출발해 전국을 순회하는 유세
활동을 시작한 것이다.

　　이날 출발한 '조국버스'는 총 4대로, 서울경기, 강원, 호남,
영남 등 네 개 권역을 하나씩 맡아 활동을 시작했다. 여기에는 자
원봉사자인 선거사무원이 한 명씩 배정되고, 조국 대표와 별도
로 조국혁신당 후보들 4~6명이 함께 타고 이동하며 선거기간 마

지막 날인 4월 9일까지 배정된 권역을 돌고 또 돌았다.

대전에 모였던 조국혁신당 후보 전원은 서울경기 권역을 맡은 조국버스에 탑승해 마지막 일정이 진행될 서울 세종문화회관을 향해 첫 운행을 시작했다.

비 오는 세종문화회관 앞을 뜨겁게 데운 조국혁신당의 열기

이날 '경부선 귀경' 유세의 종착점은 서울 세종문화회관 앞이었다. 저녁 7시에 이곳에서 '검찰독재 조기종식 서울시민과 함께' 행사가 열린다는 소식이 SNS를 통해 퍼졌고, 행사 시간 30분 전부터 세종문화회관 계단에 사람들이 하나둘 모여들기 시작했다. 그동안 조국 대표의 일정을 쫓아 취재해 온 장윤선 기자가 이날도 먼저 도착한 사람들을 대상으로 인터뷰를 진행했다.

"대치동에서 왔어요!", "안산에서 왔어요!" 친구나 부부가 함께 온 사람들이 많았고, 처음 만난 사람들도 오랜 친구처럼 삼삼오오 모여 앉아 담소를 나누었다.

잔뜩 찌푸린 하늘이 심상치 않더니 6시 50분경부터는 안개비가 조금씩 내리기 시작했다. 그러나 자리를 뜨는 사람은 없고 오히려 다소 비어 있던 계단 한구석은 사람 한 명이 겨우 지나갈 정도만 남기고 꽉꽉 찼다. 메가폰을 들고 온 누군가가 시민들을 대상으로 휴대폰 손전등을 켜서 '숫자 9'를 그리는 연습을 주도하기도 했다. 당 관계자가 아닌 그냥 시민이었다.

조국 대표가 서울 세종문화회관 앞을 가득 채운 지지자들을 향해
감사를 표하고 있다. 공직선거법상 이날부터 비례대표 정당은
마이크를 쓸 수 없게 되어 두 손을 모아 큰 목소리로 이야기하고 있는 모습이다.

예고했던 7시가 되고, 조국혁신당 점퍼를 차려 입은 조국 대표
와 당 관계자들이 세종문화회관 앞으로 입장했다. 지지자들은 휴대폰
플래시를 켜 촛불처럼 흔들며 환호했다. "조국 최고!" 등의 연호도 이곳
저곳에서 들렸다. 조국 대표와 당 관계자들은 취재진 앞에서 22대
총선 출정 기자회견을 갖고 총선 승리를 다짐하며 "서울시민과
함께 검찰독재 종식을 이루겠다"는 포부를 밝혔다.

이날부터 22대 총선의 공식 선거운동이 시작되었지만, 조국
대표는 마이크를 잡을 수 없었다. 비례대표 후보자라는 이유 때
문이다. 결국 멀리 있는 사람들은 말하는 내용을 전혀 들을 수 없

어 많은 시민들이 유튜브 생중계를 켜고 조국 대표의 발언을 들었다.

조 대표는 이날 부산에서 출정식을 하고 그 동남풍을 몰아 대구와 대전을 거쳐 서울까지 왔다고 말했다. 내일은 다시 충청, 호남 지역으로 내려갔다가 서울로 돌아올 것이며, 이어 전국 방방곡곡에서 시민들과 언론을 만나겠다고 예고했다.

기자회견 후 계단에 모인 시민들에게로 향한 조국 대표는 비가 오는데 야외에서 오래 기다려 준 것에 대해 감사 인사를 전했다. 시민들은 휴대폰 손전등을 켜 주위를 밝히고 손수 만들어 온 다양한 피켓을 들며 뜨거운 응원의 함성을 보냈다.

기자회견과 조국 대표의 인사가 진행되는 동안 비는 조금씩 굵어졌다. 하지만 그곳에 모인 시민들은 끝까지 자리를 지켰다.

조국혁신당 출정식 당일,
지지자들의 뜨거운 열기가 느껴지는 세종문화회관 앞 현장.

2024.03.29 | 천안-아산 | 미디어몽구

말 없이 서로를 응원하는 뜨거운 마음

조국혁신당 선거운동 2일 차 충남 천안, 아산 방문

'스윙보트' 충청의 마음을 사로잡다

3월 28일부터 본격적으로 공식 선거운동이 시작된 가운데 조국혁신당은 이틀째 일정으로 충남 지역을 방문했다. 최근 전국적으로 돌풍을 일으키고 있는 지지율 상승세를 전통적 스윙보트 지역이라 불리는 충남에서도 확실하게 전파하겠다는 의지를 담은 행보로 보였다.

그간 조국 대표를 따라 전국 각지 현장을 취재했다. 혼자 운전해서 이동하고, 촬영하고, 편집과 기록까지 하다 보니 시간에 쫓겨 제대로 된 식사나 편안한 잠을 누리지 못하는 날의 연속이었다. 몸이 두 개, 세 개여도 모자랄 지경이었다. 도저히 감당이 안 되겠다 싶어 전날 밤 팩트TV에 연락해 협업을 제안했다.

그렇게 해서 나와 팩트TV 카메라 기자가 한 팀이 되어 '퐁당 퐁당' 일정을 소화하기로 했다. '퐁당퐁당'이라 함은 이날 조국 대표의 네 군데 일정 중 내가 첫 번째와 세 번째 방문지인 천안과 아산 온양온천역 촬영을 맡고, 팩트TV팀이 두 번째와 네 번째 방문지인 아산 현충사와 서산 촬영을 맡아 각자 유튜브 채널 생중계로 동시 송출하는 방식이었다.

앞서 부산 출정식에서도 그러했듯, 선거법상 비례대표 후보자는 공개된 장소에서 마이크나 확성기를 사용할 수 없다. 그래서 취재진과의 질의응답 방식을 통해 목소리를 낼 수밖에 없고, 같은 현장에 있더라도 많은 인파와 소음 속에서 조국 대표의 육성 발언을 듣기란 쉽지 않다. 이런 상황 때문에 멀리 있는 사람은 물론 가까운 현장에 있는 사람들도 유튜브 라이브 방송을 켜서 조국 대표의 발언에 귀 기울이는 진풍경이 펼쳐졌다. 영상을 송출하는 우리의 역할이 더욱 중요하게 느껴지는 순간이었다.

책임감을 안고 첫 번째 장소인 천안으로 향했다. 예정된 장소인 고속버스터미널 인근에 도착해 대기하는데 금세라도 비가 내릴 것 같은 날씨에 바람도 세차게 불었다. 이윽고 현장에 도착한 조국 대표는 유세 차도, 유세 차를 통해 흘러나오는 응원가도 없었지만 시민들의 열렬한 환호와 응원 속에 공터 한 켠의 단상에 올라 기자들과 질의응답 형태로 유세를 이어갔다.

천안을 방문한 이유를 묻는 질문이 들어오자 조국 대표는 "충청이 우리나라 정치의 균형추 역할을 해왔다"며 "충청 유권자들이 우리 사회의 중심을 잡아줘야 한다"고 당부하고 천안 역시도 '응징 투어'의 일환임을 강조했다.

조 대표는 "국민의힘 천안갑에 출마한 신범철 전 국방부 차관은 채상병 사건 외압 의혹으로 출국금지가 됐던 분"이고, "이정만 국민의힘 천안을 후보는 과거 2003년 검사와의 대화 때 고 노무현 대통령에게 '당신 인사청탁한 것 아니냐'고 공개적으로 면박을 준 사람"이라고 말했다.

이날 조국 대표는 질의응답이 끝난 뒤 처음으로 지지자들과 포토타임을 가졌다. 여러 제약 때문에 제대로 된 유세를 못해 미안한 마음에 바쁜 와중에도 사진 찍을 시간을 제공하는 것 같다는 생각이 들었다.

지지자들이 정성스레 만들어 온 피켓이 여기저기 많이 보였는데, 대파를 준비해 온 시민도 있었다. 특히 '뭐여, 쫀겨?'라고 적힌 피켓이 매우 인상적이었다. 이는 한동훈이 조 대표를 겨냥해 '유죄 시 비례대표 승계 금지'를 추진한다고 했을 때 조 대표가 "우리 당에 대한 지지도가 높아지니 국민의힘이 불안해진 모양"이라며 맞받아쳤던 부산 사투리 "느그들 쫄았제?"를 충청도 사투리로 바꾼 것으로 보였다. 조국 대표도 이 피켓이 재미있다는 듯 받아들고 미소를 지으며 피켓을 들고 지지자들과 기념 사진을

지지자들이 준비해 온 피켓을 들고 함께 기념 사진을 찍는 조국 대표.

찍기도 했다.

　조 대표와 함께 사진을 찍으려고 줄을 선 사람들의 대열은 줄어들 줄을 몰랐다. 처음엔 1:1 혹은 가족이나 일행 단위로 사진을 찍었지만 시간 관계상 나중에는 줄을 선 사람들끼리 조를 짜서 단체 사진을 찍었다. 곧 사진을 함께 찍은 사람들끼리 촬영본을 공유하기 위해 서로 연락처를 주고받는 모습이 보였다. 사진뿐 아니라 조국이라는 같은 대상을 응원하는 뜨거운 마음이 공유되는 현장이었다.

　　아산시민들의 마음을 훈훈하게 데운 두 후보의 우정
천안에 이어 다음은 아산 온양온천역 앞 광장으로 향했다. 다행히 먼 거리가 아니어서 여유를 가지고 이동했다. 평소 같으면 복진오 감독에게 운전을 맡기고 이동하는 차 안에서 바삐 영상을 편집했을 텐데, 현장 라이브를 송출했으니 편집본을 올리는 건 포기하기로 했다. 그렇게 결정하고 나니 마음을 조급하게 만들었던 모든 것들이 사라졌다.

'아산 시민과의 만남' 현장에 예정 시간보다 일찍 도착했는데 아뿔싸, 이미 더불어민주당 복기왕 후보가 선거 유세를 하고 있었다. 서로 다른 정당의 두 후보가 한자리에서 마주치는 상황에 처한 것이다. 조국혁신당 전속 카메라 팀장이 다가오더니 조국 대표와 복기왕 후보가 만날 것이라고 슬쩍 귀띔을 해줬다. "으잉?" 하는 물음이 절로 나오는 당황스러운 상황이었다.

얼마 뒤 조국 대표가 탄 승합차가 도착했고, 차에서 내린 조국 대표는 기다리고 있던 복기왕 후보와 뜨거운 포옹을 나누었다. 그들은 말없이 서로의 등을 두드리며 격려했고, 이내 마주 보며 힘차게 고개를 끄덕였다. 입을 꾹 다문 채 아무 말도 나누지 않았지만 북받쳐 오르는 듯한 눈빛에서 서로를 향한 진심이 느껴졌다. 보는 이들을 울컥하게 만드는 감동적인 광경이었다.

조국 대표는 문재인 정부 시절 청와대 민정수석이었고, 복기왕 후보는 그 당시 청와대 정무비서관이었다. 조국 대표는 인사말에서 "복 후보와는 문재인 정부 청와대에서 동고동락을 했다. 너무 반가워서 포옹을 했다"며 "당은 다르지만 4월 10일 윤석열 정권을 심판하자는 데는 아무런 차이가 없는 것 같아서 너무 반가웠다"는 소감을 밝혔다.

아산 선거 유세 현장에서 만나 반갑게 끌어안은
조국 대표와 더불어민주당 복기왕 후보.

조국 대표와 복기왕 후보가 아산시민들 앞에서 함께 인사하고 있다.

　　조국 대표가 지지자들과 소통하는 동안 복기왕 후보 측은 잠시 유세를 멈추고 배려하는 모습을 보였다. 서로를 비방하고 헐뜯는 흑색선전이 난무하는 선거판에서 당을 떠나 서로를 응원하고 존중하는 모습이 꽤 신선하게 다가왔다.

　　복기왕 후보의 선거 유세는 조국 대표의 발언과 질의응답이 끝난 뒤에야 다시 시작되었다. 모처럼만의 따뜻한 시간이었던 만큼 그 자리에 함께 있던 시민들도 너무 아름답고 감동적인 모습이라며 칭찬을 아끼지 않았고, 남과 북이 하나이듯 조국은 하나라는 구호를 외치며 두 후보를 응원했다.

문재인 정부 청와대 시절 동료 복기왕 후보를 만나 뜨거운 포옹을 나누는 조국 대표.

3월 26일 오후 2시, 조국혁신당이 출시한 '파란불꽃펀드'가 모금을 시작했다. "불꽃이 가장 뜨거워졌을 때 붉은색을 넘어 파란색을 띤다"는 조국 대표의 말에 착안해 '파란불꽃'이라는 명칭이 붙은 이 펀드는 조국혁신당의 총선 비용 마련을 위해 출시되었다. 조국혁신당은 "비례정당이 비례투표 3% 이상 득표 시 법정 선거비용(약 52억 원) 전액을 국고 보조를 받는다"며 "총선 이후 보전받는 선거 비용을 이용해 펀드 가입자들에게 원금과 이자를 돌려주는 형식"이라고 설명했다.

해당 펀드는 모금액 50억 원(금리 연 3.65%)을 목표로 26일 오후 2시부터 조국혁신당 홈페이지에 개설되었다. 그런데 계좌가 열린 지 8분 만에 50억 원, 18분 만에 100억 원, 54분 만에 200억 원이 모여 놀라움을 자아냈다. 모금이 시작한 지 1시간도 채 안 되어 조기 마감된 것이다.

조국혁신당은 이날 보도자료를 통해 "당초 계획은 50억 원을 모금하는 것이 목표였는데 순식간에 200억을 채워 급히 마감을 했다"며, 50억 원을 초과한 모금액은 약관에 따라 가입자들에게 반환하고 추후 추가 펀드 모집을 검토하겠다고 밝혔다. 조국혁신당을 향한 뜨거운 관심과 지지가 구체적인 수치로 드러나는 순간이었다.

조 대표는 이날 페이스북에 펀드 모금 조기 마감 소식을 알리며 "20분 만에 100억 돌파! 대단히 감사합니다!"라고 적었다. 또 황현선 파란불꽃선대위 총괄본부장은 "조국혁신당에 보내주시는 뜨거운 성원에 감사드린다"며 "더 뜨거운 파란 불꽃이 되어 윤석열 정권을 반드시 심판하겠다"고 전했다.

이어 3월 29일 오전 11시, 조국 대표는 서울 여의도 당사에서 아홉 명의 펀드 참여자를 만났다. 조 대표는 "지난 26일 우리 조국혁신당이 기적을 만들어 냈다"며 "감사의 마음을 전하고 싶어 아홉 분을 모셨다"고 인사말을 시작했다. 또 "펀드에 참여해 주신 분들을 직접 뵈니 더 무거운 책임감을 느낀다"고 말하며, 응원의 마음을 깊게 새겨 윤석열 검찰독재정권 심판을 위해 최선을 다하겠다고 약속했다.

조국혁신당에 따르면 '파란불꽃펀드'에는 총 7,078명이 참여했는데, 이날 행사에는 최초 펀드 접수자, 최연소자인 2003년생, 최연장자인 76세 당원, 2019년 '조국 사태' 당시 서울 서초동 시위에 참여했던 모녀, 각각 더불어민주당원과 조국혁신당원인 부부, 목표액 50억 원을 달성한 순간의 펀드 접수자, 99만9,999원과 999만9,999원 접수자 등이 참석했다.

이 중 모녀 펀드 참여자는 직접 작성한 편지 하나를 들고 나와 감동적인 발언을 선보였다. 자신을 "2019년 '조국 수호' 집회에 나갔던 수백만 시민 중 한 명이자 조국혁신당 지지자 중 한 명"이라고 소개한 참여자는 힘든 시간을 버티고 대중 앞에 다시 나선 조국 대표에게 감사를 전하고, "조국혁신당의 정책적 선명성을 보면서 대한민국이 빠르게 정상화될 수 있을 것 같다는 희망이 생긴다"고 말했다. 조국혁신당이라는 새롭고 어려운 길을 걸어나가는 조국 대표를 향한 지지자들의 마음이 뭉클하게 전해지는 순간이었다.

2024.03.30 | 군산-익산-광주-여수 | 미디어몽구

대한민국 정치에 봄을 불러올 조국의 발걸음

조국혁신당 선거운동 3일 차 호남 방문

호남의 지지를 등에 업고 힘차게 달려나가다

전날 충청 일정을 마친 조국 대표는 3월 30일 아침 호남 일정의 시작점인 군산으로 향했다. 공식 선거운동 3일 차인 이날 조국 대표는 전북 군산과 익산, 전남 광주와 여수를 방문해 시민들과 지지자들을 만났다. 총선 정당 지지도에서 조국혁신당은 서울과 호남에서 가장 높은 지지를 받고 있었는데, 호남을 두루 방문하는 일정을 통해 조국혁신당 돌풍을 이어가려는 전략인 것 같았다.

군산에서의 일정은 다른 때보다 더 빠른 시간인 오전 9시 40분에 시작되었다. 장소는 도심이 아닌 호숫가 유원지였고, 게다가 휴일인 토요일이었다. 시민들이 과연 휴일 이른 시간에 현

장까지 찾아올지 물음표가 생기기 시작했다.

카메라 장비를 챙겨 현장에 도착했을 때 관계자들은 이미 와 있었다. 이야기를 들어보니 유원지 입구부터 산책로를 따라 걸어오다가 광장 한 켠에 있는 노무현 대통령 추모비 앞에서 헌화한 후 다음 장소인 익산으로 이동하는 일정이라고 했다.

조국 대표가 도착하기 전 한 팀이 된 팩트TV 김준영 기자, 복진오 감독과 함께 편의점에서 구운 달걀과 삼각김밥으로 허기를 달래고 유튜브 라이브 세팅 준비를 마쳤다. 시간이 지날수록 나의 물음표는 느낌표로 바뀌었다. 궂은 날씨가 예고되었음에도 그 이른 시간부터 200여 명의 지지자들이 모여들고 있었다.

이윽고 기다리던 조국 대표가 모습을 드러냈다. 군산시민들은 "환영합니다"를 연호하며 그를 뜨겁게 반겼다. 조국 대표는 자신의 뒤를 잇는 수많은 지지자들과 함께 호숫가를 따라 걷기 시작했다. 걸어가는 와중에도 "조국 파이팅!", "용기내 주셔서 감사합니다!" 등의 외침이 들려왔고, 조 대표는 주먹을 불끈 쥐어 보이며 그에 화답했다.

이날은 경호가 한층 더 강화된 듯 사이드카까지 등장해 조국 대표 경호에 만전을 기하는 모습이 보였다. 그렇게 한참을 걸어 도착한 곳은 고 노무현 대통령의 추모 공간이었다. 은파호수공원 물빛광장 부근에는 아담한 노 전 대통령의 추모 공간이 마련되어 있다.

노무현 대통령 추모비 앞에서 함께 묵념하는 조국 대표와 시민들.

　　이곳은 2009년 7월 11일 노무현 전 대통령의 49재를 맞아 노무현 대통령 군산시민추모위원회가 조성한 공간으로, 시민들의 자발적인 참여와 모금으로 추진되었다고 한다. '아주 작은 비석 하나만 남기라'는 고인의 유언을 받들어 추모시와 고인의 음각 사진이 새겨진 작은 추모비만이 설치되어 있었다.

　　추모비 앞에 선 조국 대표와 지지자들은 함께 헌화하고 묵념을 마친 뒤 광장으로 이동해 만남의 시간을 가졌다. 마지막 순서인 포토타임 중에는 비와 우박이 함께 내리기 시작했는데, 길게 늘어선 지지자들의 줄은 비는 아무런 상관이 없다는 듯 계속 자리를 유지했다.

　　광장 무대 쪽에는 비를 피해 조국 대표를 지켜보는 지지자들이 자리를 잡고 있었다. 조국 대표는 떠나기 전 그곳으로 가 마지막 인사를 한 후 다음 장소인 익산으로 향했다. 촬영을 마친 팩트TV 김준영 기자는 말했다. "왜 조국 대표가 가는 현장마다 비가 내리는지…"

'역대급' 인파를 보여준 광주시민들의 열렬한 환영

광주로 향하는 동안 비는 더욱 거세졌다. 촬영에 차질이 생길까 걱정돼 익산에서 대기 중인 팩트TV 김대왕 기자에게 연락해 상황을 물었다. 그쪽도 마찬가지로 폭우가 내리고 있다고 했다. 그러면서도 걱정은 하지 말라고 당부하는데, 당연한 일이었다. 아스팔트 위 기자들은 어떤 악조건 속에서도 상황에 잘 대처하는 베테랑들이니까. 김대왕 기자가 바로 그런 사람이었다.

두 시간쯤 지나 광주에 도착하니 따뜻한 봄날의 햇살이 우리를 맞아주었다. 짧은 거리인데 날씨가 이렇게 극과 극이라니, 기후 변화가 실감되는 순간이었다. 이날은 공식 선거운동이 시작된 후 첫 주말이기도 했다. 총력전이 펼쳐질 장소는 광주 풍암호수공원. 부족한 것 하나 없이 모든 조건이 완벽을 갖추고 있었다.

조국 대표와 시민들의 만남까지는 두 시간 반이 남아 있었다. 겨울옷을 꽁꽁 여민 채 시작됐던 이번 총선 레이스인데, 문득 흐드러지게 핀 벚꽃이 눈에 들어왔다. 어느새 봄이 성큼 다가와 있었던 것이다. 그동안 정신없이 앞만 보고 달려오느라 봄이 온 것도 알아차리지 못했다. 대한민국 정치에도 따뜻한 봄이 다가

오길 바라며 잠시 감상에 젖어들었다.

벚나무에 빼곡히 피어난 벚꽃만큼 지지자들도 '역대급'이라고 해도 될 정도로 모여들고 있었다. 전속 카메라 기자도 그동안 촬영한 곳 중 가장 많은 인파가 모인 것 같다며 놀라워했다. 카메라를 높이 들어올려 위에서 내려다 보는 부감 숏을 찍어 확인하니 정말 발 디딜 틈조차 없어 보였다.

한쪽에 설치된 부스에서는 자원봉사자들이 시민들에게 나눠줄 플래카드를 만들고 있었고, 다른 한쪽에선 한 시민의 선창에 맞춰 조국의 이름을 연호하는 우레와 같은 함성이 퍼졌으며, 어딘가에서는 분위기를 축제의 장으로 만드는 색소폰 연주 소리가 들려왔다.

조국 대표와 비례대표 후보들이 도착하자 열기는 최고조에 이르렀다. "광주시민들이 왜 이렇게 뜨겁게 지지해 주시는지 항상 생각합니다. 윤석열 정권에 대한 분노와 실망, 울분이 쌓인 상황에서 조국혁신당이 시민들의 마음을 대신해 제대로 정치를 할 것이라는 마음이 모인 것입니다"라는 조국 대표의 말은 지지자들의 마음을 여실히 대변하고 있었다.

또 창당을 선언한 초기에 광주를 찾았을 때는 "잘 견뎌줘서 고맙다", "마음이 짠하다", "힘내라"는 이야기를 들었지만, 본격적인 정치 활동을 시작한 이후엔 "속이 시원하다", "잘 싸워줘서 고맙다"는 말을 듣는다며 조국혁신당을 향한 시민들의 기대와 응

환호하는 광주시민들에게 둘러싸인 조국 대표.

원에 감사한 마음을 전했다.

총선 지지를 호소하는 조 대표의 마무리 발언이 끝나고, 이제 포토타임을 가질 차례였다. 다만 광주에는 정말 셀 수 없을 만큼 많은 지지자들이 모여 있었기 때문에 일일이 사진을 찍는 것이 불가능했다.

하지만 꼭 조국 대표와 함께 기념 사진을 남기고 싶다는 지지자들의 요청이 이어졌고, 단체 사진을 찍는 것으로 이를 대신하기로 했다. 단체 사진이라고 해도 한 앵글 안에 그 많은 인원을 담는 것은 불가능해서, 조 대표가 군중 속을 이리저리 옮겨 다니며 함께 사진을 찍었다.

광주의 열기는 이미 봄을 지난 한여름처럼 뜨거웠다. 그렇게 광주에서의 일정도 끝이 나고, 조국 대표는 마지막 일정이 진행될 여수로 향했다.

서해맹산의 정신으로 검찰개혁을 하겠다는 다짐을 되새기며 오후 5시 무렵 여수에 도착한 조국 대표는 이순신 장군을 추모하기 위해 건립한 사당 여수 충민사를 방문했다. 지난 29일 충남 아산 현충사를 방문한 데 이어 두 번째로 이순신 장군을 추모하는 행보였다.

조국 대표가 온다는 소식에 충민사에도 광주와 마찬가지로 구름같은 인파가 몰려들었다. 당직자들과 함께 사당 참배를 마친 조국 대표는 중앙동 이순신 광장에서 기자 간담회를 가졌다. 모두발언에서 조국 대표는 "민주화의 거점이자 우리 사회에서 가장 정치의식이 높은 호남 시민을 만나 이렇게 기운을 얻게 된다"면서 "한 달이 안된 신생 정당을 많은 시민들이 열화와 같이 지지해줘 너무 감사하다"라고 입을 열었다.

여수에 온 소감과 예상 지지세를 묻는 기자의 질문에는 "2017년 민정수석 전에 엑스포 때 와서 배 타고 머물렀다. 여수를 오게 된 계기는 친구들과의 사적 인연"이라면서 "법무부 장관 임명 때 이순신 장군의 명언인 서해맹산의 정신으로 검찰개혁을 하겠다고 밝힌 바 있다. 지방균형발전과 자치분권을 위한 민생경제를 둘러보기 위해 여수에 왔다"라고 덧붙였다.

이어 지지세에 대해 "광주전남 지역 여론조사에서 비례대표는 조국혁신당이 1위를 달성하는 것 같다"면서 "한국정치사의 주요 고비마다 호남 유권자들이 정치를 바꿔왔는데 한 달도 안된 신생 정당에 지지

© 조국혁신당

조국 대표를 보기 위해 이순신 광장에 구름처럼 모여든 여수 시민들.

를 보내준 이유가 있을 거다. 지금까지 걸어온 길을 좌고우면하지 않겠다"라고 약속했다.

조국혁신당 선거 유세를 맞이해
역대급 인파가 모여든 광주 현장.

다시 PK의 민심을 공략하다

조국혁신당 선거운동 4일 차 경남, 부산 방문

김영삼 대통령의 거제시 생가를 방문하고

3월의 마지막 날, 조국 대표는 다시 PK 지역을 찾았다. 이날 그가 가장 먼저 찾은 곳은 경남 거제시의 김영삼 전 대통령 생가였다. 보수 기세가 압도적일 것 같은 이곳에서도 조국 대표가 도착하기 한참 전부터 그를 반기는 지지자들이 길 양쪽에 가득 모여 들떠 있었고, 조 대표의 차량이 도착하자 열렬히 환영하며 "3년은 너무 길다" 등의 구호를 힘차게 외쳤다. 대한민국 어디에나 민주진보의 소중한 희망이 살아있음을 온몸으로 보여준 경남 지지자들이었다.

차량에서 내리는 조국 대표를 가장 먼저 맞이해 반갑게 악

지지자들과 함께 단체 사진을 찍는 조국 대표.
좌우에 경남 출신의 차규근, 신상훈 비례대표 후보가 자리하고 있다.

수를 나눈 사람은 거제시 민주당 후보로 출마한 변광용 후보였
다. 조국 대표는 방명록에 "군사독재에 맞서 싸우셨던 용기와 하나회
를 척결하셨던 결기를 가슴에 새기며 검찰독재정권과 싸우겠습니다"
라고 남겼다. 이어 안내인과 변광용 후보의 설명을 들으며 김영삼
생가를 둘러보고 변 후보와 담소를 나눴다.

　　생가 계단 앞에서 기자들을 대면한 조국 대표는 어린 시절
김영삼 대통령과 관련된 기억이 있음을 밝혔다. 김 전 대통령이
중고등학교를 다녔던 부산 대신동은 자신이 태어나고 자란 곳이
며, 자신은 청소년 시절 김영삼 포스터를 보면서 자란 '김영삼 키
즈'였다는 것이다. 조국 대표는 김영삼 대통령이 '3당 합당 이후
다른 길을 걸어간' 데 대해서는 말을 아끼면서, 군부독재와 목숨
걸고 싸웠던 점과 쾌도난마의 '하나회 척결', 전격적인 '금융실명

제'라는 두 가지 최대 업적을 강조했다. 공과 과를 온전하게 평가해야 한다는 것이다.

비례정당이기에 총선 후보임에도 구호를 선창할 수 없는 선거법상 답답함을 배려한 지지자들이 여러 차례 구호를 선창했다. 조국 대표는 "억수로 고맙습니다. 마이 도와주이소!" 하고 부산말로 감사를 전해 지역 지지자들의 환호를 받았다. 한쪽에서 그 광경을 지켜보던 할머니들이 조국 대표의 얼굴이 잘 안 보이자 "와 이쪽을 안 치다보노" 하고 중얼거리는 모습이 화면에 잡혀 영상을 보던 이들의 웃음을 자아내기도 했다.

부산에서 찾아온 한 화가 지지자는 의미심장한 동양화 작품을 선물했다. 학을 그린 이 작품에는 "학의 고고함은 이제 이 그림에 묻고 수리의 심장으로 세상에 날아든다"라고 쓴 커다란 메모가 붙어 있었다. 이날도 시간 제한으로 인해 개별 포토타임을 갖지 못하고 지지자들과 단체 사진을 찍었다. 조 대표 좌우에는 경남 출신의 차규근 비례후보와 신상훈 비례후보가 함께 앉았다. 강행군 유세에 지칠 법도 한데 조국 대표는 여전히 "조국! 조국!"을 외치는 지지자들과 굳은 악수를 나누며 다음 행선지로 향했다.

창원에서 적반하장 한동훈을 폭격하다

조 대표가 다음으로 찾은 곳은 창원시 롯데백화점 앞이었다. 선거법상 연설을 할 수 없기에 기자회견 형식으로 입을 뗀 조국 대표는 거제 김영삼 생가 방문 후 선산에 들러 술 한잔 올리고 왔다면서, 가문의 선산이 진해 웅동과 김해에 있음을 알렸다. 진해 웅동은 2010년 마·창·진(마산, 창원, 진해) 통합으로 창원시가 되었다. 이날 방문한 창원시와 가문의 인연이 있는 셈이다.

2019년 '조국 사태' 당시 큰 공격을 받았던 '웅동학원'의 운영을 조 대표 일가가 떠맡게 된 것도 해당 지역 출신으로 성공한 사업가였던 선친에게 웅동 지역 유지들이 찾아와 학교 운영을 간곡히 부탁했기 때문이다. ('웅동학원'의 실체는 조그만 시골 중학교 하나에 불과한데, 사립학교법상 법인으로 등록되었을 뿐이다.)

질문이 오가는 중에 어느 기자가 한동훈 국민의힘 비대위원장이 전날 내놓은 '후진국' 발언에 대한 의견을 물었다. 조 대표는 어이없다는 표정으로 미소를 지으며 "정치 후진국 만든 사람은 따로 있는 것 아닙니까?"라고 한동훈을 정면으로 직격했다.

"문재인 정부 후반기에 '눈 떠보니 선진국'이라고 해서 우리나라 모든 국민이 자부심을 가졌는데, 이제는 '눈 떠보니 후진국'입니다. 눈 떠보니 후진국을 만든 정권의 황태자가, 검찰정권의 기획자 한동훈 씨가 그런 말을 할 자격이 있습니까?"

조 대표는 이어 "한동훈 씨는 그런 헛소리 그만하고, 조국혁신당이 1호 법안으로 '한동훈 특검법'을 발의하는데, 민주당과 협력해서 '한동훈 특검법'을 통과시킬 것이니 빨리 수사 받을 준비나 해라"라고 일갈했다. 이에 창원시민들의 환호와 "조국!" 연호가 이어졌고 조 대표는

창원 시민들의 연호에 힘차게 주먹을 흔들어 응답하는 조국 대표.

힘차게 주먹을 흔들어 응답했다.

이어 다른 기자로부터 다시 한동훈에 관련된 질문이 이어졌다. 한동훈을 조국의 '도마' 위에 올려놓으면 화제의 기사로 쓰기 좋게 '요리'를 해주니 어떻게 이 질문을 빼놓을 수 있을까. 조 대표의 행보마다 여러 방송사, 수많은 기자들이 수십 명씩 몰려다닌 이유다.

이번 질문은 한동훈이 소위 '이조심판론', 즉 이재명·조국 심판론을 꺼내들었다는 것이었다. 이에 조 대표는 얼굴 가득 웃음을 머금고 "이번 선거가 이재명, 조국 심판이라고요? 코뚜레가 떨어질 일입니다. 자기 코뚜레가 떨어질 정도로 소가 웃을 일이라고 생각합니다. 적반하장이고요"라며 유쾌하게 받아쳤다.

곧이어 웃음기를 거둔 진지한 얼굴로 "현재 윤석열 정권 때문에 민생, 정치, 경제, 안보 모든 문제가 엉망이 됐는데, 지금 나라 꼴이 이렇게 된 게, 이재명 대표께서 대통령입니까? 나라 망친 게 이재명 대표입니까?"라며 대대적인 정면 폭격을 쏟아부었다.

"국정 책임자가 누굽니까, 지금? (윤석열!) 현재 2년 동안 국정을 책임졌고 국정을 책임져야 할 사람이 이재명, 조국입니까? (아닙니다!)"

한편 이 기자회견에 앞서 창원시장을 역임한 바 있는 민주당 허성무 후보가 그를 찾았다. 두 사람은 다른 당의 유세를 돕는 것을 불법으로 규정한 선거법 때문에 공개 발언은 하지 못하고 짧게 악수와 포옹을 나누고 함께 포즈를 취한 후 아쉽게 헤어졌다. 허성무 후보는 3월 중순경 상대 후보와 오차범위 내에서 앞서는 접전 중이었으나, 이즈음 차이를 10% 이상으로 크게 벌렸다. 이후 보수 결집 역풍에도 불구하고 982표 차이로 이겨 당선됐다.

김해, 시민들의 열정적 구호와 퍼포먼스들

이어진 일정은 김해였다. 미리 사전 공지된 김해 여객터미널 앞에는 겹겹이 둘러싼 인파 외에도 터미널 건물로 이어진 인근 육교까지 시민들이 올라서서 장관을 연출했다. 환호 속에서 인파를 헤치고 이동용 팔레트로 만든 임시 연단 위에 올라선 조국 대

김해에서 시민들과 함께 사진을 찍는 조국 대표.

표는 주변을 둘러싼 시민들은 물론 육교와 건물 위에서 환호하는 시민들에게도 일일이 몸을 돌려 인사하고 주먹을 힘차게 들어올리며 응답했다.

조 대표는 가문의 선산이 창원 웅동과 김해 진영에 나뉘어 있다는 개인적 인연을 소개하면서, 한 달도 되지 않은 신생 정당인 데다 초짜 정치인임에도 많은 시민들이 응원해 주시는 점에 진심 어린 감사를 전했다.

김해에서는 한 기자가 '부·울·경 메가시티'에 대한 입장을 물었다. 조 대표는 윤석열 정부 들어 부·울·경 메가시티를 포함한 여러 메가시티 정책이 폐기되면서 지방분권과 지역균형발전이 무너지고 있음을 적시했다. 이어 조국혁신당 후보들이 국회에 들어가게 되면 부·울·경 메가시티를 재추진하겠다는 뜻을 밝혔다.

이날은 오전부터 같은 기자들과 동행해 왔기에 질문이 많지 않았다. 그 덕분에 지지자들은 사진 찍을 시간을 충분히 얻을 수 있었다. 조 대표와 함께 기념 사진을 찍기 위한 행렬은 끝없이 이어졌다. 혼자 온 사람도 있었지만, 김해에는 부부, 연인, 가족이나 친구들과 같이 온 지지자들이 특히 많았다. 청소년에서부터 청년, 중년, 노인들까지 연령층도 다양했다. 줄잡아 백여 명 가까운 시민들이 조 대표와 사진을 찍었다.

유쾌한 장면들도 많았다. 〈그대가 조국〉 스토리북을 들고 조 대표와 함께 사진을 찍으면서 "우짜긋노, 이까지 왔는데! 함 해보입시다!"라고 외쳐서 다른 시민들로부터 큰 박수를 받은 젊은 남성, 지역주의 폐해의 상징으로 대표되는 구호 "우리가 남이가!"를 조국 대표를 가리키며 외쳐 큰 웃음과 박수를 받은 젊은 여성, 조 대표 곁에서 "윤석열 김건희 마이 뭇다 아이가!"라고 외친 선글라스 남성, 일부러 '구찌'(9찍) 가방을 들고 와 들어 보인 중년 여성, "경상도 보리문디 한마디 하겠습니다. 국회 들어가면 확 디비뿌라! 확 디비뿌라!"라고 외친 남성까지….

김해의 지지자들은 열정적이었다. 가만히 사진만 찍기보다는 "조국! 파이팅!" 같은 단순 구호라도 외치고 가는 경우가 훨씬 많았다. 아이들을 데려와 함께 사진을 찍는 가족 단위 시민들도 많았다. 어릴 때부터 정치 교육을 제대로 시키겠다는 마음이 엿

보였다. 조 대표는 사진을 찍으러 다가온 시민이 위트 넘치는 피켓을 들고 있으면 즉석에서 손에 바꿔 들기를 청하기도 했다. 이렇게 각지에서 선물받은 소중한 수기 피켓들은 조국혁신당의 귀한 기록으로 남을 것이다.

이날 조국 대표와 김해시민들과의 만남은 진보 시민들의 갈증을 풀어주는 정치적 축제이자 멀지 않은 미래에 경남도 '디비진다'는 희망을 보여주는 집회였다. 하나같이 밝은 얼굴이었고 구호를 외치는 데도 망설임이 없었다. 그토록 많은 지지자들과 일일이 악수하고 사진을 찍느라 손이 아프고 힘들었을 텐데, 조 대표는 떠나는 순간에도 힘찬 모습을 잃지 않았다. 시민들의 열정이 조국 대표에게 기운을 불어넣은 것 같았다.

다시 부산, 엄청난 인파의 부산시민 속으로

마지막으로 조국 대표는 3일 만에 다시 부산을 찾았다. 지난번 부산에 왔을 때는 센텀시티역과 동백섬 등대 앞에서 일정을 진행해 시민들이 모일 수가 없었는데, 이번에는 남구 경성대학교 옆의 공원이라 많은 시민이 모여들었다.

이날 조국 대표가 기자들과 부산시민들을 만난 공원의 이름은 '대연혁신문화공원', 조국혁신당이 행사를 가지기에 잘 어울리는 이름이었다. 이 공원에서도 조국 대표가 도착하기 한참 전부터 수많은 부산시민들이 모여들었고, 마냥 기다리는 것이 아

부산 대연혁신문화공원에서 작심하고
윤 대통령에 대한 비판을 이어가는 조국 대표.

니라 시민들끼리 먼저 공개 발언을 하고 구호를 외치는 등 스스로 분위기를 달구고 있었다. 이윽고 조국 대표가 도착하자 시민들의 환호와 구호는 더욱 강해졌다. 조국 대표가 뜨거운 응원과 지지를 모아준 부산시민들에게 특별히 감사 인사를 전한 후 기자들과의 질의응답이 시작됐다.

조국 대표는 바로 앞서 다녀온 김해을 지역구에 출마한 국민의힘 조해진 후보의 발언을 지적하며 이렇게 말했다.

"윤석열 대통령이 무릎 꿇어야 된다? 맞습니다. 그런데 혼자 무릎 꿇지 말고, 지금 백 며칠째 보이지 않는 부인과 함께 무릎을 꿇어야 될 것이고, 무릎을 꿇는다고 용서가 되지 않을 것 같습니다. 무릎은 무릎이고 윤석열, 김건희 두 분과 관련된 각종 비리와 범죄 의혹과 관련해서 수사를 받고 난 뒤에, 그 결과를 보고 용서 여부는 국민이 판단할 것입니다."

조 대표의 시원한 발언에 부산시민들의 환호와 박수가 쏟아졌다.

또한 국민의미래 인요한 선대위원장이 며칠 앞으로 다가온 사전투표를 독려하며 "국회 가서 일할 기회를 달라"고 말한 것에 대해서는 "국민은 기회를 줄 만큼 줬습니다. 더 이상 기회를 줄 필요가 없다 생각하고, 그런 발언은, 부산말로 얍실한 발언"이라고 쏘아붙였다.

'장윤선의 취재편의점' 장윤선 기자는 다른 지역 주민들에 비해 부산시민들은 민생 문제에 대한 토로보다 민주주의 퇴행에 대한 우려가 많았다고 말했다. 이에 조국 대표는 부산시민들이 민생에 관심이 없는 게 아니라, 민주주의를 회복해야 민생도 회복된다는 것을 선명하게 알고 있기 때문에 민주주의 퇴행을 우려하는 것이라고 설명했다.

"민생 문제를 바로잡으려면 민주주의를 바로잡고 정치를 바로잡아서 권력을 바꿔야 사과값, 감자값을 낮출 것 아닙니까? (맞습니다!) 정치와 민생이 구별된 게 아닙니다. 무능하고 무책임한 사람에게 권력을 2년간 맡겨놨더니 사과값, 감자값을 세계 1위로 만들어 놨어요. 그러니 심판을 해야죠. 심판을 해서 사과값, 감자값을 원위치시키면 된다고 생각합니다."

마무리 발언에서 조국 대표는 김영삼 전 대통령 얘기를 꺼 냈다.

"부산 경남 시민들이 김영삼 대통령에 대해 이중감정이 있 는 것 같습니다. 그럼에도 불구하고, 김영삼 대통령이 군부독재 와 싸웠던 그 용기, 대통령 되시고 난 뒤 정치군인들의 하나회를 척결했던 결기, 그것만큼은 우리 부산시민들이, 그리고 저 조국 과 조국혁신당이 배울 것입니다".

이는 조국 대표가 주도하는 조국혁신당의 향후 행보로 김영삼의 하나회 척결을 모델로 삼아 단호한 결기로 개혁에 나설 것이라는 속내 를 예고한 것이기도 하다. 또 그는 노무현 대통령이 꿈꿨던 지방분권과 지역감정 해소 역시 끝까지 밀어붙일 것이라고 약속했다.

한편 아쉽게도 부산에서는 개별 사진 촬영을 할 수 없었다. 조국 대표를 보기 위해 모여든 시민들이 너무도 많았기 때문이 다. 그래서 모여 앉은 시민들을 네 방향으로 나눠서 방향마다 조 국 대표가 앉아 단체 사진을 찍었다. 사진 촬영을 하던 중 부산 남구 지역구의 민주당 후보인 박재호 의원이 찾아왔다. 만나자 마자 덥석 포옹부터 한 박재호 후보는 조 대표와 함께 길거리에 앉아 시민들과의 사진 촬영에 함께했다.

그즈음 박재호 후보는 여론조사에서 국민의힘 박수영 후보 와 박빙 우세 혹은 초박빙 접전으로 불꽃 튀는 승부를 벌이고 있 었다. 하지만 부산 지역 정당 지지도에서는 국민의힘이 48%인데 비해 민주당은 30.5%로 한참 열세인 상태였다. 양당 지지율과 별개인 조국 돌풍이라는 '플러스알파' 지지세로 정당의 열세를 버텨내고 있었던 셈이다. 투표 결과에서는 아쉽게도 막판 보수 결집으로 패배했지만, 부산에서도 조국혁신당 지지세의 위력은 확실하게 드러났다.

조국 대표를 맞이하는
김해 시민들의 열기가 뜨겁다.

엄청난 인파가 몰려든
부산 남구 현장.

조국혁신당
22대 총선 정책공약 발표
(2024. 04. 02)

존경하는 국민 여러분. 조국혁신당 수석대변인 신장식입니다.

2022년 사망 원인 통계를 보면 40대, 50대 중장년층 사망 원인 1위는 암입니다. 우리네 세대가 처한 환경은 암을 유발할 정도로 고단하다는 뜻입니다. 사망 원인 2위는 자살입니다. 자살을 선택하는 가장 큰 이유는 경제생활 문제입니다. 4050 세대가 처한 사회와 환경이 우리를 죽음으로 내몰고 있는 것입니다.

오늘 조국혁신당은 바로 그 말씀을 드리려고 합니다. 지금까지의 정부와 정치에서 소외받던 4050 세대를 위한 정책을 말씀드립니다.

4050 세대는 이중 돌봄 세대입니다. 자녀를 키우고 부모를 모셔야 하는 돌봄의 부담을 이중으로 짊어진 세대라는 뜻입니다. 지금까지 대한민국을 굳건히 떠받쳐 주신 여러분의 부담을, 그리고 저 자신의 부담을 조국혁신당이 조금이나마 덜어드리고자 합니다.

첫째, 이중 돌봄 세대의 안정적인 주거권 확보에 힘쓰겠습니다. 경제적 부담 때문에 미루고 미루었던 '내 집 마련'의 꿈을 이루는 생애 첫 주택 지원 정책을 추진하겠습니다. 낮은 금리와 긴 대출 기한의 4050 주택 드림 대출을 출시하고 국민연금 조기 인출 및 주택 연금을 연계하여 '내 집 마련'을 원하는 4050 세대의 경제적 부담을 획기적으로 줄이겠습니다.

둘째, 부모님을 모시는 4050 세대의 부담을 국가가 함께 지겠습니다. 국가가 함께 져야 하는 일입니다. 장기요양보험 재가급여를 확대하겠습니다. 건강보험 적용 범위에 요양병원 간병비를 포함하고, 간호 간병 통합 서비스를 전국으로 늘려 간병 부담을 실질적으로 줄여드리겠습니다. 안전하고 촘촘한 돌봄이 이루어지도록 지방정부 중심의 어르신 돌봄 체계를 구축하고 노인 돌봄 시설의 공공성을 강화하겠습니다. 또한 부모님 부양 소득 공제액을 기존 1인당 150만 원에서 200만 원으로 올리고 75세 이상 부모님을 모실 경우 추가 공제를 실시하겠습니다.

셋째, 자녀를 키우는 4050 세대의 어려움을 함께 해결하겠습니다. 영유아 보육과 초등 돌봄의 부담은 국가가 책임져야 합니다. 국공립 어린이집을 지역 수에 맞게 확대 배치하고 민간 어린이집 지원 강화를 통해 부모의 부담을 덜어주는 질 좋은 보육 서비스를 제공하겠습니다. 초등 돌봄 문제 해결을 위해 학내 돌봄 교실을 대폭 늘리고, 학교 밖 마을 돌봄 시설도 확충하겠습니다. 교육지원청과 지방정부가 협력해서 양질의 돌봄 프로그램을 개발하고 돌봄 인력을 대폭 늘려 교사의 업무 가중 없는 안정적인 돌봄 체계를 마련하겠습니다. 또한 아동수당 기준을 청소년까지 확대하여 청소년 지원을 실질화하고 한국장학재단과 연계한 무이자 자녀 교육 생활비 지원 정책을 추진하여 자녀 키우는 부담을 나누어 지겠습니다.

마지막으로, 인생 2막을 고민하는 4050 세대의 삶을 지원하겠습니다. 일·배움·여가·복지·정보 등 복합 서비스 기능을 갖출 50플러스 센터를 전국적으로 확대하겠습니다. 또한 4050 세대가 안정적인 노후 생활을 계획하고 유지할 수 있도록 노후 준비 지원체계를 마련하겠습니다.

이중 돌봄 세대인 4050 여러분, 지금까지 정부와 정치는 청년, 여성, 아동 등을 위한 정책을 주로 개발하고 추진해 왔습니다. 그런데 그 과정에서 우리 사회에서 가장 많은 부담을 지고 있는 4050 세대는 오히려 소외되었습니다. 이중 돌봄의 고통에 시달려 왔습니다. 저희가 늦었습니다. 저희가 너무 늦게 고민을 시작해서 정말 죄송합니다.

조국혁신당은 여러분의 삶이 지금보다 행복할 수 있도록, 더 찬란할 수 있도록 더 빠르고 강하게 그리고 더 선명하게 끝까지 행동하겠습니다. 감사합니다.

2024.04.03~04.04 | 서울 동작-용산-송파-서초 | 박지훈

온몸을 던질 각오로 끝까지 간다

서울에서의 본격 응징 유세 투어의 시작

국회선진화법 위반으로 기소된 나경원을 저격하다

4월 3일, 4·3 희생자 추념식에 다녀온 조국 대표는 저녁 시간에 동작구 이수역 광장에서 기자회견을 열었다. 3월 28일 공식 선거 운동이 시작된 후 영남 및 호남 지역에 대한 유세에 집중하다 처음으로 서울에서 가진 행사였다. 조국 대표의 짧은 인사말에 이어 함께 자리한 조국혁신당 후보들에 대한 소개가 이어질 때마다 모인 시민 지지자들의 연호가 이어졌다.

22대 국회 시작 이후의 상황에 대해 조 대표는 1호 법안으로 내세운 것이 '한동훈 특검법'이라면서, 법안 내용은 이미 준비가 다 되어 있다고 밝혔다. 또 "4월 10일 이후에는 국회의원도 아닐

것이고 비대위원장도 아닐 것"이라고 했다. 민주당과 함을 합해서 '한동훈 특검법'을 제출하고 민주당이 준비 중인 '김건희 종합특검법'도 통과시킬 것이라고 했다.

이어 총선을 일주일 남긴 상황에서의 각오를 묻는 질문에 조 대표는 이렇게 답했다.

"한 달도 안된 신생 정당이고 신참 정치인인데도 너무너무 놀랄 정도로 국민 여러분들이 호응해 주시고 박수를 쳐주셨습니다. 이런 자리에서 시민들, 국민들을 뵐 때마다 울컥합니다. 너무 감사합니다. 창당 선언 후 계속 반복하고 있습니다만, 저는 돌아갈 자리가 없습니다. 잔도를 불살랐습니다. 정치를 하겠다고 선언하고 창당을 하겠다고 선언한 이상 문자 그대로 온몸을 던질 뿐입니다. 그 각오로 끝까지 갈 것입니다."

왜 이 동작구에 왔느냐는 질문에 조 대표는 작심한 듯 말을 풀었다. 윤석열 정권의 창출과 윤석열 정권의 2년간의 실정에 책임이 있는 사람이 있는 지역, 그리고 4월 10일 이후 얼굴을 보고 싶지 않은 사람이 있는 지역을 찾아왔다는 것이다.

"여기 나온 어떤 후보는 '빠루'를 들고 국회선진화법으로 기소가 됐는데 4년째 1심 재판 결과가 안 나오고 있습니다. 그 재판에서 국회선진화법 유죄가 나면 출마를 못 하게 되어 있어요. 그런데 무슨 이유인지 4년간 재판 결과가 안 나옵니다. 이것에 대해서는 어느 보수언론도 재판 지연이라고 비판하지 않습니다.

저녁 퇴근 시간 무렵 이수역 광장에서 기자회견을 하는 조국 대표.
퇴근길 시민들이 광장을 가득 메우고 있다.

지금 빠루 든 모습만 기억나지 재판 결과를 모르시잖아요. 4년간
유죄 판결이 안 나고 있어요."

　　2019년 패스트트랙 사태 당시 나경원 원내대표를 필두로 한 자유
한국당 의원들은 공수처법 등의 통과를 막기 위해 실력행사를 하다 국
회선진화법 위반으로 기소됐다. 국회선진화법 위반은 500만원 이상
벌금형이면 5년간, 집행유예 이상이면 10년간 피선거권이 박탈된다.
이 사건의 주범 격이 나경원이다. 그런데 2020년 1월 기소로 시작된 이
재판은 현재 4년 3개월째 기약도 없이 질질 늘어지고 있다.

　　국민의힘과 보수언론들은 조국 재판과 울산사건 재판을 두
고 3년이 넘어서야 판결이 나왔다고 수시로 공격해댔는데, 정작

자신들이 대거 기소된 이 패스트트랙 재판에 대해서는 꿀 먹은 벙어리마냥 입을 다물고 있다. 결국 이 역대급 재판 지연 덕분에 나경원이 또다시 총선 출마를 할 수 있게 된 것이다.

　　다음 날 나경원은 이 같은 조 대표의 발언에 대해 발끈하면서도 "빠루를 사용한 적 없다"면서 '사용'만 부인했을 뿐 빠루를 들었던 사실은 부인하지 못했다. '들지 않았다'고 다시 주장했다가는 선거법상 허위사실공표죄로 처벌받을 수 있기 때문일 것으로 보인다. (2019년 패스트트랙 사태 당시 나경원은 이 빠루를 들고서는 여당인 민주당 측에서 폭력 목적으로 가져왔다고 주장했으나, 사실은 자유한국당 의원들이 국회 의안과 안에서 잠가버린 문을 열기 위해 국회의장의 지시에 따라 국회 방호과 경위들이 가지고 온 것이었다.)

한동훈과 비교체험 '극과 극'을 이룬
조국의 여의도역 출근길 인사

4월 4일 조국 대표의 첫 일정은 서울 여의도역 출근 인사였다. 조 대표가 나타나자 시민들이 쉴 새 없이 다가왔고, 금세 길게 줄까지 이루며 출근길을 멈추고 반갑게 손을 한 번 잡아주거나 함께 사진을 찍었다. 사람들이 뒤엉키는 등 안전상의 우려가 있어 조 대표와 시민들의 줄을 따로 옮겨야 할 정도였다. 중년 이상의 시민들도 많았지만 비교적 젊은 직장인들도 많았다. 익숙한 출근길에 무심코 지나치다 뒤늦게 조 대표를 발견하고 길을

© 조국혁신당

여의도역에서 출근 일사를 하는 조국 대표와 비례대표 후보들.
한껏 허리를 숙여 예를 표하는 모습이 인상적이다.

돌아와 손 한 번 잡고 나서야 다시 가던 길로 향하는 시민들도
여럿 있었다.

조 대표에게 다가오는 시민들은 하나의 예외도 없이 모두
오랜만에 만난 친구를 대하듯 밝게 웃고 있었고 조 대표도 마찬
가지였다. 키가 작은 시민과 함께 사진을 찍을 때면 매번 키를 맞
추기 위해 무릎을 구부려 몸을 낮추었고, 조 대표의 저서를 가져
와 사인을 요청하는 시민들에게도 마다하거나 귀찮은 기색 없이
친절히 사인을 해주었다.

조국 대표는 그 모든 시민들에게 한껏 허리를 숙여 예를 표했다.
선거 기간이어서가 아니라 어떤 자리에서든 또 상대의 지위가 어떻든

허리를 깊이 숙여 존중과 예의를 보이는 것이 조 대표의 몸에 밴 오랜 자세다. 원래 기본적인 품성이 그런 사람이다.

한편, 열흘 전인 3월 25일 정확히 같은 곳에서 조국 대표와는 정반대의 그야말로 '극과 극'의 상황이 벌어졌다. 국민의힘 한동훈 비대위원장의 출근길 인사다. 한동훈은 영등포을 지역구에 출마한 박용찬 후보를 지원하기 위해 똑같이 여의도역 5번 출구 앞에 섰다.

한동훈은 다소 건들거리는 듯한 무성의한 자세로 허리를 숙였고, 숙인 즉시 용수철이 튀어오르듯 다시 허리를 세웠다. 마치 '내가 이럴 사람이 아닌데'라고 몸으로 말하는 듯했다. 그에게 다가오는 시민들은 10여 명에 불과했고 그나마도 노년층이 많았다. 더욱이 한동훈은 인사하러 온 소수의 사람들에게도 부자연스러운 웃음을 지으며 손 한 번 잡고는 곧바로 고개를 돌려버리기 일쑤였다.

사실 한동훈 출근길 인사의 백미를 기록한 장면은 출근 인사를 시작하던 시점에 있었다. 산업은행 노조원들이 찾아와 산업은행의 부산 이전 추진에 대해 항의한 것이다. 한동훈은 항의하는 노조원들에게 대뜸 건들거리는 듯한 자세로 "산업은행 이전은 반드시 실행하겠다는 것이 우리의 공약입니다"라고 쏘아붙였다.

정권의 황태자로 불려온 여당 대표가, 공약에 반대하는 국민들에게 설명하고 이해를 구하기는커녕 면전에서 정면으로 조롱을 한 것이다. 방송사 카메라 여러 대가 생방송으로 송출하고 있는 중인데도 전혀 아랑곳하지 않았다.

이 출근길 인사에 대해 중앙일보는 '한동훈, 여의도역 20분 인사…출근길 시민, 앞만 보고 갔다'라고 보도했다. 이 기사에서는 서울의 한 국민의힘 후보의 말을 인용해 "당원이 동원되지 않은 첫 유세라 한 위원장도 당황했을 것"이라고 썼다. 하지만 실황 영상을 보면 한동훈은 당황한 기색이 전혀 없었다. 그래서 더 문제였다. 이날 한동훈이 지원 유세를 했던 박용찬 후보는 결국 민주당 김민석 후보와 접전 끝에 낙선의 고배를 마셨다.

소방공무원들의 현장 고충 사항을 듣고 개선을 약속하다

이날 조 대표는 이른 아침 여의도역 출근길 인사 이후 국회 소통관에서 '제7공화국' 기자회견을 가졌다. 이어진 일정은 양천소방서 방문이었다. 조 대표는 박찬호 양천소방서장의 안내를 받으며 대원들에게 "고맙습니다!"라며 악수를 나눴고, 현황 설명을 들었다.

현장의 고충 사항을 말해달라는 조 대표의 말에 '소방장' 계급의 재산등록 문제에 대한 건의사항이 나왔다. 소방에서 소방장 계급은 고위직이 아닌 현장 소방관으로서 하위직에 해당하는데도 재산등록 의무가 부여되어 다른 일반직 공무원들과 비교해 형

평성에 맞지 않는다는 것이다. 실제 공직자윤리법은 4급 이상의 일반직공무원을 재산등록 대상으로 규정하고 있는데, 별도 시행령에서 소방관은 7급인 소방장부터 재산등록을 하도록 규정되어 있다. 이것을 일반직과 같이 맞춰줬으면 좋겠다는 것이다.

조 대표는 이런 건의 사항을 메모장에 받아 적고 국회에 들어가면 챙겨보겠다고 언질했다. 그러고는 소방관 모두와 일일이 악수를 나눴다. 소방차 등 장비들에 대한 설명 개선 사항 등을 듣고, 총선 이후 간담회 등의 방식으로 종합적으로 개선 사항들을 취합하고 민주당과 협력해 바꿀 수 있도록 챙기겠다고 약속했다.

곧이어 소방서 앞에서 〈박재홍의 한판승부〉 인터뷰가 이어졌다. 양천경찰서에서 직선거리 300미터 정도 거리인 CBS 방송국에서 박재홍 앵커가 현장 취재를 나온 것이다.

한편 양천갑 지역구의 현역 의원이자 후보인 민주당 황희 의원도 조 대표를 만나러 소방서로 찾아왔다. 조 대표와 황 의원은 소방서 앞에서 조 대표를 기다리던 지지자들과 함께 단체 사진을 찍고 양천구 일정을 마무리했다.

'응징 유세 투어'로 돌아본 용산, 송파, 서초

조 대표의 다음 일정은 용산 효창공원역 기자회견이었다. 이곳에서 그는 먼저 도착해 있던 비례대표 후보들을 차례대로 소개한 후, 모두발언에서 이번 총선 재외투표율이 역대 최고치였다면서 그 이유를 설명했다.

"해외에 계신 우리 동포분들께서 지난 2년간 대한민국이, 우리나라가 돌아가는 꼴이 너무너무 부끄러우셨던 것 같습니다. 그래서 기다리고 기다렸다가 투표날이 되자마자 먼 길을 달려가셔서 한 표를 행사하셨다고 들었습니다. 너무너무 감사드리고, 이제 우리 차례가 왔습니다."

용산을 찾은 이유를 묻는 기자의 질문에 대해 그는 작심한 듯 '응징 유세 투어'의 일환임을 조목조목 설명했다.

"우리 모두가 윤석열 정권으로 인해 2년 동안 고통받고 분노하고 있지 않습니까? 윤석열 정권의 탄생에 기여했던 사람들, 그리고 윤석열 정권이 창출되고 난 후에 윤석열 정권의 실정과 부패와 비리에 책임이 있는 사람들을 찾아가야겠다고 마음을 먹었습니다. 용산에는 그분이 있죠? 윤석열 정권의 심판에서 책임을 질 사람이 여기 계시죠. 그리고 이 지역구에 출마하신 분은 윤석열 대통령의 선배 검사로서 윤석열 당시 검찰총장에게 출마하라고 권유했던 사람으로 알고 있습니다."

이어서 용산에 출마한 권영세 후보에 대한 비판이 이어졌다.

"통일부 장관이 되어 우리나라 평화공존에 반하는 것만 해서 남북 관계가 지금 엉망입니다. 문재인 정부 때 전쟁 위협을 느끼셨습니까? (아니오!) 여기 출마하신 분이 통일부 장관으로 어떻게 했길래 지금 그런 불안감을 느끼고 있을까요? 주중 대사로 가서는 한국, 중국 관계가

용산에서 응징 유세를 하는 조국 대표.
윤석열 정권의 핵심 관계자인 권영세 후보의 무능함을 비판했다.

송파 석촌호수에 나들이 나온 시민들에게 둘러싸인 조국 대표.

어떻습니까? 엉망이 됐죠? 한중관계를 이렇게 만들어 놓고 여기에 출마하신다고 하니, 저로서는 얘기를 하지 않을 수 없다, 그래서 찾아왔습니다."

용산에서의 응징 유세는 송파와 서초로 이어졌다. 석촌호수로 이동한 조 대표는 '누군가'를 저격하기 위해 방문했다고 말했다. "지난 2년간 정권의 실정과 비리, 무능, 무도함, 무책임에 책임 있는 사람이 있습니다. (배현진!) 여기 송파에도 윤 대통령의 아바타가 있을 거라고 추정합니다."

다음으로 방문한 서초 양재천에서도 조 대표는 서초을 선거구에 출마한 국민의힘 신동욱 후보를 응징하기 위해서 왔음을 밝혔다. "여기에 출마하신 어떤 분이 〈범 내려온다〉를 방송에 틀면서 윤석열 대통령이 검찰총장 시절에 대권으로 나서야 된다고 아부를 했던 것으로 기억합니다."

TV조선 앵커 출신인 국민의힘 신동욱 후보는 윤석열 검찰총장이 대선 행보를 위해 중도 사퇴한 바로 다음 날 2021년 3월 5일 방송에서 앵커 멘트로 윤석열을 '범'과 '사육신'에 비유하면서 낯뜨겁게 윤석열을 띄웠던 바 있다. 그는 2023년 12월 TV조선에서 하차하자마자 2024년 1월 국민의힘에 인재로 영입되어 총선에 출마했다. 신동욱 후보는 TV조선 시절 앵커 멘트를 이용해 조국 대표를 수차례 공격 혹은 폄하하기도 했다.

아쉽게도 이날 조국 대표가 용산, 송파, 서초에서 연달아 '저격'한 권영세, 배현진, 신동욱은 개표 결과 당선됐다. 하지만 선거 막판에 총선 돌풍의 주인공 조국 대표가 사실상 저격 유세를 함으로써 그들의 간담이 서늘했을 것은 능히 짐작할 만하다.

시민들의 반응이 뜨거웠던
조국 대표의 여의도 출근길 인사 풍경.

양재천 수변무대에서
응징유세를 하는 조국 대표.

조국 대표
제주 4·3 희생자 추모식 참석

(2024. 04. 03)

대한민국 근현대사 최대 비극으로 꼽히는 제주 4·3 사건. 2024년 4월 3일 제76주년 희생자 추모식이 제주 4·3평화공원에서 열렸다. 조국혁신당 조국 대표는 10시에 시작되는 추념식에 참석하기 위해 이른 아침 제주 출신 정춘생 비례대표 후보를 비롯해 다른 비례대표 후보들과 함께 평화공원을 찾았다.

추념광장에서 열린 추념식 본 행사는 영령에 대한 묵념, 애국가 제창, 제주 4·3 경과 보고, 추념사, 유족 사연 발표, 추모 공연 순서로 이루어졌다. 안개비가 내리고 있었지만 조국 대표는 우산이나 우의를 입지 않은 채 엄숙한 얼굴로 시종일관 자리를 지켰다.

추념식에는 이재명 대표와 여야 정치권 인사들이 방문해 4·3 영령을 위무하고 유가족들을 만났다. 더불어민주당 이재명 대표, 녹색정의당 김준우 대표, 새로운미래 오영환 선대위원장, 조국혁신당 조국 대표, 진보당 윤희숙 대표 등 야당 대표

가 모두 참석했다. 그러나 윤석열 대통령은 작년에 이어 올해
도 추념식에 불참했고 윤재옥 원내대표와 위성정당인 국민의
미래 인요한 선거대책위원장만 추념식장을 찾았을 뿐이다. 국
민의힘 제주도당은 한동훈 비대위원장의 참석을 요청한 것으
로 알려졌으나 결국 불참했다.

지난 2014년 국가기념일로 지정되면서 제주 4·3 사건 추모식도 정
부가 주관하게 됐다. 그러나 박근혜 전 대통령은 단 한 번도 참석하지 않
았고 문재인 전 대통령은 세 번 참석했다. 윤석열 대통령은 당선인 시절
엔 참석했으나 취임 이후 치른 첫 추모식인 작년에는 참석하지 않았다.
또한 올해에도 참석하지 않기로 해 결국 2연속 불참하게 됐다.

조국 대표는 추념식 본 행사가 끝난 뒤 조용히 자리를 떠
나 다음 일정을 위해 이동했다. 이날은 기자회견 등은 이루어
지지 않았다. 오직 추념식 참석을 위해 멀리 제주를 찾은 조국
대표의 마음 씀씀이가 돋보이는 방문이었다.

조국혁신당 '사회권 선진국, 제7공화국' 공약 발표

(2024. 04. 04)

안녕하십니까. 조국혁신당 대표 조국입니다.

저는 오늘 조국혁신당이 그리는 대한민국의 미래에 대해 말씀드리려고 합니다. 그 미래를 현실로 만들기 위해 무엇이 필요한지 국민 여러분께 보고드리려고 합니다.

조국혁신당은 22대 국회에서 '국민이 더 행복한 사회권 선진국'을 만들기 위해 행동하겠습니다. 새로운 법이 필요하면 만들겠습니다. 기존 법률 개정이 필요하면 바꾸겠습니다. 헌법 개정이 필요하면 개헌을 위해 적극 나서겠습니다. '제7공화국' 건설에 온 힘을 쏟겠습니다.

조국혁신당은 "3년은 너무 길다, 윤석열 검찰독재정권 조기종식"이라는 민심을 대변하고 있습니다. 선거운동 과정에서 만난 국민들께서 "내 마음을 대변해줘서 속이 후련하다"는 말씀을 많이 하십니다. 어떤 국민들은 그 이후를 궁금해하십니다. 윤석열 정권 종식 뒤, 어떤 나라를 만들 것이냐 물으십니다.

저와 우리 당 비례대표 후보들이 텔레비전과 라디오 연설을 통해, 그리고 각 가정으로 배달된 공보물을 통해 답변을 드리기는 했습니다. 많이 부족했던 것 같습니다. "3년은 너무 길다"라는 메시지가 너무 강렬해 상대적으로 덜 부각된 측면도 있는 것 같습니다.

검찰독재 조기종식과 더불어 조국혁신당 공약의 양대 기둥 중 또 다른 하나는 바로 제7공화국 건설입니다. 제7공화국의 핵심 내용인 '사회권 선진국'부터 말씀드리겠습니다.

'사회권'이라는 표현이 생소하실 수 있습니다. 사회권이란 사람답게 살 수 있는 최소한의 여건을 누릴 권리를 말합니다. 그동안 복지는 정부 혹은 지방자치단체가 도움이 필요한 국민에게 시혜적으로 베푸는 정책이라는 인식이 강했습니다.

이제는 바꿔야 합니다. 정부가 베푸는 것이 아니라 국민의 권리로 요구할 수 있어야 합니다. 국가는 국민이 사람답게 살 수 있는 여건을 만들어 줘야 할 의무가 있다, 국민은 권리로써 요구할 수 있어야 한다는 것입니다.

사회권의 대표적인 예는 '주거권'입니다. 누구나 집이 필요합니다. 잠을 자고 편하게 쉴 공간이 필요합니다. 정부는 집이 필요한 국민에게 질 좋은 공공주택을 제공하고, 큰 부담 없이, 원하는 만큼 살 수 있게 해야 합니다. 국민은 국가에 주거권을 요구할 수 있어야 합니다.

'보육'과 '교육'은 아이들, 그리고 돌보는 사람의 당연한 권리입니다. 현재도 정부와 지방자치단체가 보육과 교육에 일정한 지원을 합니다. 지원만으로는 부족합니다. 우리 국민은 누구나 사람답게 보육 받을 권리, 교육 받을 권리가 있습니다. 이것이 사회권입니다.

아프면 쉬어야 합니다. 아프면 돈 걱정 없이 병원에 가야 합니다. 이것이 '건강권'입니다. 주거권, 보육권, 교육권, 건강권이 보장되는 나라, 조국혁신당이 그리는 '사회권 선진국'의 모습입니다.

일할 권리 보장과 일자리 확보를 위한 국가의 책무를 명시하겠습니다. 사회 각 분야에서 노동이 존중받도록 하고 노동자의 단결권을 확고히 보장하겠습니다. 안전하고 건강한 노동환경은 물론, 동일가치노동, 동일임금과 사회연대임금제를 실현하겠습니다.

조국혁신당이 국회에 들어가게 되면 법률과 정책으로 '사회권 선진국'을 만들기 위하여 최선의 노력을 다할 것입니다.

조국혁신당이 추진중인 '제7공화국'의 또 다른 방향은 '더 많은 민주주의'입니다. 즉, 국가권력의 운영에 국민의 참여와 자치를 더 보장하자는 것입니다.

제6공화국의 현행 헌법은 1987년 만들어졌습니다. 1987년 민주화운동의 핵심 구호였던 "호헌 철폐, 독재 타도"의 정신이 반영됐습니다. 수십 년 이어져 온 군부독재정권을 종식하고, 직선제로 국민의 대표인 대통령을 선출하자는 내용이었습니다. 지금은 공기처럼 당연하게 여기지만, 현행 대통령 직선제에는 수많은 국민들의 피와 땀이 배어 있습니다.

조국혁신당은 현재의 국가권력 구조가 37년 전과 대폭 달라진 우리 국가공동체에 맞는가, 효율적으로 작동하고 있는가 의문을 가지고 있습니다. 민주주의는 '민'이 주인이어야 합니다. 그런데 현재는 국민에게서 권력을 위임받은 정치인들이 주인처럼 행동합니다. 심할 경우에는 왕처럼 군림하려 합니다. 윤석열 검찰독재정권의 행태에서 그 폐해를 충분히 보고 있습니다.

검찰, 국가정보원, 감사원, 경찰, 기획재정부 등 국가의 권력 기구는 선출된 권력이 아니라 국민을 위해 일하도록 만들어야 합니다. 선출되지 않은 권력을 국민의 통제 아래 두겠습니다.

국회의원은 한 번 선출되고 나면 권력을 위임한 유권자가 견제할 수 있는 방법이 없습니다. 4년 뒤 다음 선거를 기다려야 합니다. 지방자치단체장의 경우 소환할 수 있는 제도가 있는 것과 비교하면 그 차이를 뚜렷하게 알 수 있습니다.

선출된 권력이라도 국민의 뜻에 반하면 진퇴를 물을 수 있는 제도적 장치가 마련되어야 합니다. 국민이 직접 정책과 법안을 제안하는 통로를 넓혀야 합니다. 지금도 부분적으로 열려 있긴 합니다. 국민이 제안하고 일정 숫자 이상이 동의를 하면 해당 국회 상임위원회는 이를 안건으로 다뤄야 하는 제도가 있긴 합니다.

이것만으로는 부족합니다. 이제 국민은 자신의 대표자들에게 권한을 위임하는 데에 만족하지 않습니다. 집단지성의 힘은 전문가는 물론 자신의 대표자들 수준을 뛰어넘는 경우가 많습니다. 국민이 제안하고, 국민의 의사가 반영된 정책과 법안이 민의의 전당이라는 국회에서 토론되고, 법으로 만들어질 수 있는 통로가 더 넓어져야 합니다. 국민들 삶에 지대한 영향을 끼치는 정책의 경우 국회 의결에 앞서 공론화 절차를 밟도록 해야 합니다.

조국혁신당이 만들고 싶은 나라의 구체적인 모습은 이 자리에서 모두 말씀드리기에는 무리가 있습니다. 오늘은 각론의 주요 방향만을 간략하게 말씀드리겠습니다.

우선, 국가 소멸을 우려할 정도로 심각해진 '저출산 고령화' 문제 해결 방향을 제시하려 합니다. 앞에서 말씀드린 사회권 선진국도 그중 하나입니다. 주거권과 보육권, 교육권이 보장된다면 주거 문제를 해결할 수 없어서, 혹은 아이 키우는 데 드는 경제적 부담 때문에 결혼과 출산을 미루거나 포기하는 흐름을 바꿀 수 있습니다. '제7공화국'은 '육아친화공화국'입니다.

둘째, 지역 소멸 위기를 극복하기 위해 자치입법권, 자치행정권, 자치재정권이 있는 지방정부 수립 방안을 마련하겠습니다. 제2국무회의 격인 국가자치분권회의를 신설해 고도의 자치를 실현하도록 노력하겠습니다. 이를 통해 수도권 집중을 해소하고 지방 소멸을 막는 방법을 찾겠습니다. '제7공화국'은 '지방분권공화국'입니다.

셋째, 기후위기를 극복하는 나라를 만들겠습니다. 인간과 자연의 공존, 미래 세대에 대한 책임을 헌법적 가치로 규정하는 것을 궁극적 목표로 하면서, 이를 법률과 정책으로 구현하도록 노력하겠습니다. 지속가능한 개발과 기후위기 극복을 위한 탄소중립 정책을 경제정책과 산업정책에서 반드시 고려할 방향으로 설정하여 탄소중립 시기를 앞당기겠습니다. '제7공화국'은 '탄소중립공화국'입니다.

넷째, 국가의 기초체력인 과학기술정책을 획기적으로 바꾸겠습니다. 과학기술 발전의 토대가 되는 학술 활동의 자유를 보장하고, 기초연구에 대한 지원과 장려 의무를 국가에 부여하겠습니다. 과학기술 투자의 안정성과 지속성을 확보하겠습니다. 이를 위해 과학기술 정책 결정 과정에서 국회의 역할을 강화하고, 과학기술인들이 정책 결정에 주도적으로 참여할 수 있도록 보장하겠습니다. '제7공화국'은 '과학기술공화국'입니다.

다섯째, 한반도 평화 공존 체제를 확립하고, 대한민국의 '외교 운동장'을 넓게 쓰겠습니다. 남북한 평화공존과 공동번영, 그리고 협력과 연대에 기초한 남북관계를 만들겠습니다. 한반도 비핵화 목표를 분명히 하고, 항구적 평화공존 체제를 모색하겠습니다. 가치와 이념 외교가 아니라 국익 중심의 외교를 펼치겠습니다. '제7공화국'은 '평화공존공화국'입니다.

조국혁신당은 앞에 말씀드린 내용을 이정표 삼아 의정 활동을 펼치겠습니다. 하지만 조국혁신당의 힘만으로는 아무것도 이루지 못할 것입니다. 1987년 민주화운동의 성과를 이어받은 개헌, 그리고 2016년 촛불혁명 등에서 보여준 위대한 국민의 힘이 뒷받침된다면 못할 것이 없습니다.

조국혁신당은 우선 4월 10일 총선에서 조국혁신당 자력으로 법안 발의가 가능한 의석을 확보하겠습니다. 이번 총선에서 민주진보세력의 압도적 승리를 거둔다면, 뜻을 같이 하는 정당들과 최대 공약수를 찾을 수 있도록 노력하겠습니다.

22대 국회에서 개헌에 대한 공감대가 형성된다면 조국혁신당도 앞에 말씀드린 내용을 기초로 개헌 논의에 적극 참여하겠습니다. 비록 작은 정당이지만 개헌 논의의 '예인선'이 되겠습니다. 국민이 더 행복한 '사회권 선진국'을 만들 수 있도록 노력하겠습니다.

조국혁신당은 합니다. '사회권 선진국', 국민이 더 행복한 '제7공화국' 건설을 위해 더 빠르게, 더 강하게, 더 선명하게 행동하겠습니다.

감사합니다.

2024.04.05 | 울산-양산-부산 | 박지훈

부산시민들의 힘찬 떼창을 가슴에 품고

4월 5일, 부산 사전투표와 PK 선거 유세

'투표소 대파 반입 금지'를 향한 신랄한 비판

사전투표 첫날인 4월 5일 조국 대표는 다시 PK 지역으로 향했다. 새벽 어스름이 겨우 가신 6시 50분, 조 대표를 포함한 비례대표 후보들은 울산 현대중공업 전하문 앞에 섰다. 그런데 조국혁신당 일행보다 먼저 나와 노동자들에게 인사 중인 사람이 있었다. 울산 동구 지역구 후보인 김태선이었다. 조국 대표는 도착하자마자 김 후보를 보고 "아이고, 얼굴이 많이 탔네" 하며 반갑게 그를 끌어안았다. 조 대표보다 한참 젊은 김태선 후보는 2018년 청와대 행정관으로 근무해 조국 대표와는 깊은 인연이 있다.

울산 현대중공업의 노동자 다수는 오토바이를 타고 출근한

오토바이를 타고 출근한 울산 현대중공업 노동자와 기념 사진을 찍는 조국 대표.

다. 조선소가 워낙 넓어 입구를 통과해도 한참을 더 달려야 하기 때문이다. 그래서 '오토바이 부대'라고 불리기도 한다. 이곳 노동자들은 늦어도 8시에는 출근하기 때문에 7시부터 오토바이 행렬이 장관을 이룬다. 조국 대표와 후보자들은 길가에 서서 때로는 손을 흔들고, 때로는 허리 숙여 인사하다가 오토바이들이 신호에 걸려 멈추면 다가가 악수를 나누기도 했다.

오토바이로 꽉 찬 길 하나를 사이에 두고 민주당 김태선 후보와 조국혁신당의 조국 대표 일행이 마주 보고 출근길 인사를 진행했다. 응원하러 나온 울산시민들도 사이좋은 두 진영 양쪽을 오가며 모두를 응원했다. 진풍경이었다. 조선소 출근 시간이 끝나자 조 대표와 김 후보는 다시 한번 아쉬운 인사를 나누고 헤어졌다.

이른 아침의 출근 인사에 이어 오전에 조국 대표가 향한 곳은 울산대학교 인근의 대학생 거리 '바보사거리'였다. 조 대표가 오기 전부터 사거리에 모여 있던 울산시민들은 조 대표 일행을 둘러싸고 환호를 보냈다. 조 대표는 서울대학교 교수로 일하기 전인 1992년에 울산대학교에서 여러 해 교수 생활을 했던 각별한 인연이 있다. 당시 자주 가던 막걸리집과 동전 야구장을 울산시민들에게 공유하며 추억을 소환하기도 했다.

이곳 남구갑 지역구의 민주당 전은수 후보도 조 대표를 찾아왔다. 전 후보는 울산시 지역 활동을 이어가던 젊은 여성 변호사로 1월에 민주당에 영입된 인재다. '젊은 피'다운 혈기로 달리기 유세 활동을 벌여 전국적으로 화제가 되었다. 줄곧 선전하다가 막판 보수 결집으로 인해 낙선하기는 했지만, 앞으로 크게 성장할 기대되는 지역 정치인으로 자리잡았다.

조 대표의 다음 행선지는 양산이었다. 양산 증산역 근처 메가박스 광장 야외 무대에서 이뤄진 행사에서 조 대표는 같은 날 선관위가 내린 '투표소 대파 반입 금지' 결정을 신랄하게 비판했다. 자리에 모인 양산시민들은 조 대표의 발언 대목마다 몇 차례나 통쾌하게 웃었다.

"선관위에서 결정을 하나 했더라고요. '투표하러 갈 때 대파를 들고 가면 안 된다'라는 결정을 내렸습니다. 이게 뭡니까, 이게. 그러면서 그 이유가, 대파를 들고 가는 것이 매우 '정치적' 행위라고 얘기합니다. 그럼 뭡니까. 그럼 실파 들고 가면 됩니까? 쪽파 들고 가면 됩니까?"

"대파 한 단을 들고 가는 행위가 정치적이라는 선관위의 결정, 상식에 반하는 결정입니다. 우리가 대파를 들고 가지 않더라도, 마음 같아서는 쪽파, 실파 들고 가서 막는지 안 막는지 보고 싶습니다. 그렇게는 안 하겠습니다. 오늘 제가 부산 강서에 가서, 윤석열 대통령이 선거한 바로 그 투표소에 가서 투표를 할 건데, 실파나 쪽파는 안 들고 가겠습니다."

조 대표의 말에 여기저기서 시민들의 웃음소리가 터져 나왔다. 여기서 그치지 않고 조 대표는 대파 반입 금지 결정이 헌법상의 '표현의 자유' 침해라는 사실을 지적했다.

"그렇지만 우리는 표현의 자유가 있습니다. 민주주의 국가이고 민주공화국입니다. 대파를 왜 못 들고 가게 하는 것입니까? 부끄럽습니다. 대파를 들고 가지 못하게 한다는 얘기는 '대파 한 단에 875원'이라고 말한 대통령을 숨기기 위한 것 아닙니까?"

"선관위의 결정, 대파를 들지 못하게 하는 것이 '정치적'인 결정이고, 그런 방식으로 대통령을 보호하겠다, 변호하겠다? 우리 경남말로, 진짜 얍실하다! 진짜 얍실하다는 생각이 듭니다. 얍삽한 걸 넘어서 얍실하다! 이런 얍실한 행동으로 윤석열 정권을 보호하지 못합니다."

한편 이곳에서는 양산갑 지역구 후보자인 이재영 후보의 부

양산의 메가박스 광장 야외 무대에서 시민들과 함께
단체 사진을 찍는 조국혁신당 후보들.

인인 기모란 교수가 찾아와 지지자들에게 인사를 건넸다. 기 교
수는 방역 전문가로 2021년 문재인 청와대의 방역기획관을 역임
한 바 있다.

윤석열 대통령의 부산 사전투표에 '명군'으로 대적하다

양산 일정을 마친 조국 대표는 사전투표를 위해 부산으로 직행
했다. 당초 공지된 조국 대표의 일정에는 없었던 일이다. 당일 오
전에 윤석열 대통령이 굳이 부산까지 내려와 강서구 명지1동 사
전투표소에서 투표를 했다는 소식이 전해지자, 조 대표가 다음
날로 예정되었던 투표 일정을 긴급히 변경해 같은 투표소에서
투표를 하기로 결정한 것이다.

현직 대통령이 타지에 가서 투표를 하는 것은 전례 없는 일이다. 게다가 지역 선정에도 문제가 있었다. 당시 부산 전체가 조국혁신당 돌풍으로 들썩거리는 상황에서, 그중에서도 가장 변동성이 컸던 낙동강벨트 지역의 강서구를 찾아간 것이다. 이 부산 강서 지역구는 원래 국민의힘 김도읍이 48.7% 대 44.4%로 박빙 우세를 벌이고 있었는데, 조국 대표의 부산 방문이 여러 차례 이어진 후 4월 3일 여론조사에서는 46.3% 대 47.6% 초박빙 열세로 뒤집어진 상태였다. 바로 그 지역구에 현직 대통령이 찾아가 관외 사전투표를 한 것이다.

해당 지역의 보수 표심을 자극하려는 의도일 수밖에 없었다. 법적인 내용을 따지는 것과 무관하게, 행위 자체로 명백한 선거 개입이었다. 윤석열 대통령은 이렇게 이례적인 정치 행위를 벌이면서 사전 예고도 없었다.

그래서 조국 대표는 일정을 긴급 수정하면서까지 당일 오후 명지1동 사전투표소에 찾아가 투표를 하기로 결정한 것이다. '명군'으로 윤석열의 선거 개입 효과를 최소화하려는 선택이었다고 볼 수 있다. 이어 조 대표는 가까운 강서구 너울공원에서 부산시민들과 함께하는 기자회견을 가졌다.

조국 대표의 가슴을 울린 부산 갈매기 떼창

이날 마지막으로 방문한 곳은 부산역 광장이었다. 드넓은 부산역 광장은 조 대표가 도착하기 전부터 부산시민들에게 점령된

부산 강서구 명지1동 사전투표소를 찾아 투표하는 조국 대표.

상태였다. 조 대표는 시민들의 환호 속에 기자회견을 시작했지
만, 기자들 대부분이 미처 도착하지 못해 사전투표에 관한 짧은
문답만 나눈 후 준비된 다음 순서로 넘어갔다.

　이 다음 날인 4월 6일은 조국 대표의 양력 생일이었다. 황현
선 사무총장과 김호범 부산시당위원장이 생일선물로 '조국', '9번'
이 인쇄된 롯데자이언츠 유니폼을 준비해 꺼내 들었다. 조 대표는
선물을 받자마자 정장 위에 그대로 걸쳐 입었고, 지지자들과 촬영
기자들을 위해 포즈를 취했다. 꽃다발까지 받은 조 대표가 다소

쑥스러워하는 가운데 지지자들의 생일 축하 합창이 이어졌다.

조국 대표는 민정수석이 되기 전 교수 시절부터 롯데 경기와 선수들을 자주 거론하는 등 잘 알려진 롯데 열혈 팬이다. 롯데그룹의 족벌 경영에 대해 매섭게 비판하면서도 자이언츠 팀에 대한 관심과 애정이 깊어, 국회의원 등 공직으로 이름이 거론될 때마다 손사래를 치며 "내 꿈은 롯데자이언츠 구단주"라고 답하기도 했다. 2014년 시사인 기고 글에서는 "세상을 살며 난관에 부딪히거나 좌절할 때 나는 자이언츠를 떠올린다. '괜찮아, 꼴데 시절도 버텼잖아!' 하면서"라고 끝을 맺은 적도 있다.

또 며칠 전인 4월 1일에는 국민의힘 비대위원장 한동훈과의 신경전도 있었다. 한동훈이 부산 표를 노리며 사직야구장 재건축이라는 급조된 '아무말' 공약을 내세우고, 롯데 투수 염종석 선수를 거론하며 "염종석이 저랑 동갑"이라고 말하는 연고 호소에 나선 것이다. 조국 대표는 당일 페이스북에 "부산 민심이 흉흉해지니 난데없이 한동훈이 자이언츠 팬을 참칭한다. 칵 쎄리 마!"라고 일갈하며 실소를 자아내는 한동훈의 행동을 지적했다.

한동훈은 지난 1월에도 부산시당 당직자 회의에 참석해 롯데 야구를 운운했다가 거짓말 논란이 벌어진 적이 있다. 논란이 확산되자 증거 사진을 제시하는 등 고집을 부렸으나, 오히려 해당 사진에서 상대편인 넥센을 응원한 것으로 보이는 단서가 발견되면서 웃음거리가 되었다. 조선, 중앙, 동아 등을 포함한 여러 보수언론들도 한동훈을 옹호하려다 함께 망신살이 뻗쳤다.

부산역 앞 광장을 가득 채운 부산시민들의 푸른 물결.

롯데자이언츠 유니폼을 입은 조국 대표가 시민들에게
두 손 모아 큰 소리로 감사를 전하고 있다.

이런 한동훈의 '억지' 롯데 마케팅은 고작 검사 생활 몇 년 한 정도인 것을 과장해 부산 표심을 거저 얻어가겠다는 얄팍한 속셈으로 보일 수밖에 없다. 조국 대표의 호통은 이런 '얍실한' 짓에 대한 분노 표출이라고 볼 수 있을 것이다.

이날 롯데 유니폼을 입은 조국 대표는 전에 없이 상기된 모습이었다. 그 모습을 본 지지자들이 먼저 "빠빠라빠라빠~"로 시작하는 〈부산 갈매기〉를 박수와 함께 '떼창'하기 시작하자, 조국 대표도 감격 어린 표정으로 동참해 힘차게 노래를 불렀다. 평소 노래 부르는 것을 가급적 피하는 조국이지만 이날만은 피하기는커녕 목청껏 소리를 질렀다. 〈부산 갈매기〉는 단지 부산에서 선호되는 유명한 노래 정도가 아니라, 부산시민들 모두가 공유하는 '혼'이 담긴 노래이기 때문이다. 물론 롯데 자이언츠 응원가로도 많이 불린다.

노래가 끝나자 조 대표는 두 손을 입가에 모아 메가폰을 만들고 "억수로 고맙습니다!" 하고 거푸 외쳤다. 이어 "단디 하겠습니다!", "똑디 하겠습니다!"라며 시민들 앞에서 다짐했다. '지지'를 넘어 마음으로 함께하는 '격려'를 받아 아직 감격이 채 가시지 않은 표정이었다.

조국 대표를 감격하게 만든
부산시민들의 감동적인 떼창 현장.

2024.04.06 | 대전-서울-강릉 | 박지훈

생일날도 어김없이 이어진 강렬한 전국 유세

4월 6일, 대전에서 서울 찍고 강릉으로

'20대 지지율 0%' 프레임 깬 '나 20대다' 주인공과의 만남

4월 6일 조국 대표의 일정은 대전에서 '나 20대다! 조중동 메~롱' 피켓으로 화제가 된 지지자를 만나면서 시작됐다. 이 열혈 20대 지지자는 대전에 사는 박찬서 씨로, 3월 24일 청주, 3월 28일 대전 기자회견에 참여해 발랄한 손 피켓으로 조국 대표와 지지자들의 큰 환영을 받았던 바 있다.

당시 조중동을 비롯한 보수성향 언론들이 한국갤럽의 지난 여론조사 결과만을 인용해 '조국혁신당의 20대 지지율이 0%'라고 반복 주장하며 조국혁신당으로부터 20대 지지층을 분리하려고 시도하던 상황이었기에 더욱 반가운 만남이었다. 실제로 조

국 대표의 전국 투어 기자회견 현장에는 20대로 보이는 지지자들이 다수 있었지만, 스스로 20대임을 내세우면서 대놓고 언론을 비판한 지지자는 드물었다.

조국혁신당 강미정 대변인이 사회를 맡은 가운데 박찬서 씨와의 대화가 시작됐다. 이런 만남이 이루어진 배경에는 조국혁신당과 박찬서 씨의 공통적인 문제의식이 있었다. 조 대표는 대부분의 여론조사에서 20대 지지율이 20%가 훨씬 넘는다고 나왔음에도 기자들이 계속 '0%'를 언급해 골치를 앓고 있었다. 매번 설명을 해도 0% 지지율을 전제로 한 질문들이 반복되며 입씨름하던 참에 청주 기자회견 현장에서 '내가 20대다' 피켓을 보고 너무 반가웠던 것이다. 한편 박찬서 씨도 기자회견에서 기자들이 매번 '0%'를 강조하는 것을 보고 '내가 이렇게 떳떳하게 있는데 어디 20대가 0%야?' 하고 화가 났다고 했다. 그러던 중 마침 조 대표가 가까운 청주에 온다기에 피켓을 써서 한달음에 달려간 것이다.

박찬서 씨의 어머니도 딸이 '샤이 20대'들이 모습을 보일 수 있게 길을 터준 것이라며 크게 반겼다. 실제로 3월 24일 박찬서 씨의 등장 이후 각지의 조국혁신당 기자회견 현장에 여러 20대 지지자가 '20대 지지자 여기 있어요!' 등의 피켓을 들고 줄줄이 나타나면서 20대 지지율 0% 운운하던 언론들을 무안하게 만들었다. 이런 뜻밖의 릴레이를 연출한 전국의 20대 지지자들에게 전국 지지자들의 갈채가 쏟아졌다.

한편 박찬서 씨는 친구들과 20대의 고충이 무엇인지 이야기하고 왔다면서, 첫 번째로 취업의 어려움을, 두 번째로 아직 취업하지 못한 청년들의 거주 문제를 꼽았다. 그리고 취업을 준비하며 공부하는 청년들을 위한 거주 지원이 필요하다고 요청하며, "나와 내 친구가 살기 좋은 나라를 만들려면 내가 먼저 나서야 한다고 생각했다"는 적극적인 시민의 모습을 보여주었다.

조 대표는 이런 의견을 꼼꼼히 받아 적었다. 또 현재 2030 청년들은 단군 이래 가장 높은 스펙과 능력을 갖추고 있음에도 미래가 불안정하고 먹고 사는 문제에 어려움이 있다면서, 조국혁신당이 청년들의 목소리에 귀를 기울여 그 꿈을 실현하고 고통을 줄이기 위해 노력하겠다고 약속했다.

대전에서 이태원 참사 유가족들을 우연히 만나다

이어 조 대표는 대전의 우리들공원 광장으로 이동해 대전시민들과 함께하는 기자회견에 나섰다. 널찍한 광장 한가운데 설치된 무대에 오른 조 대표와 후보 일행은 한 지지자에게 받은 대파 피켓을 들고 지지자들이 선창하는 "3년은 너무 길다!" 구호를 함께 외쳤다.

이 기자회견에서 조 대표는 국민의힘 한동훈 비상대책위원장이 내놓은 '종북 세력', '조국이 사회주의 개헌을 할 것'이라는 주장에 대해 "한동훈이 이미 선거에서 열세임을 알고 있는 것"이라면서, 과거 우리나라에서 수구기득권 세력이 선거 막판에 안 된다 싶을 때 조자룡 헌 칼처럼 빼 들었던 것이 '종북색깔론' 아니냐고 일갈했다.

또 함께한 황운하 후보와 박은정 후보를 가리키며 "평생 경찰과 평생 검사를 한 분들이 여기 있는데 무슨 귀신 씨나락 까먹는 소리냐"라고 통쾌히 외치고, 대꾸할 가치도 없다고 여유 있게 받아쳤다. 21세기 한국 국민의 수준이 얼마나 높은데 빨갱이 타령을 하냐며 "가소롭다"고도 했다.

한동훈이 조 대표를 두고 '대법원 확정 판결을 앞둔 범죄자'라고 공격한 데 대한 질문도 들어왔다. 조 대표는 국민의힘 정진석 의원이 1심에서 징역형 유죄를 받은 사실을 거론하며 "그분부터 빨리 빼라"고 말했다. 또 국민의힘 후보 중에도 기소되거나 유죄 판결을 받는 등 사법적 문제가 있는 후보들이 40명 가까이 된다며 그쪽 문제가 더 크다고 받아쳤다.

조 대표는 본인과 황운하 의원은 유죄가 확정되면 국법 질서를 지킬 것이라고 단호하게 말했다. 그러면서 "수사도, 소환도, 압수수색도, 기소도 받지 않아 유죄 판결을 받지 않은 사람이 있다"고 김건희를 언급했다. 정당한 수사를 받게 하려고 특검법을 제출했더니 자기 부인을 방어하려 거부권을 행사해 특검법을 날려버렸다며, 그런 대통령은 조국혁신당을 비난할 자격이 없다고 다시 뼈아픈 반격을 가했다.

대전에서 우연히 만난 이태원 참사 유가족들에게 허리 숙여 인사하는 조국 대표.

조국 대표가 지지자가 건넨 대파 피켓을 들고 기자회견에 참석하고 있다.

한편 앞서 박찬서 씨와의 만남 이후 대전 기자회견을 위해 공원으로 이동하던 조 대표는 대전 거리에서 우연히 이태원 참사 유가족 협의회 일행과 마주쳤다. 이들은 대전 거리에서 '진실에 투표하세요'라고 쓰인 현수막을 들고 '이태원 참사 특별법'을 거부한 정부 여당을 비판하는 투표 독려 활동을 진행하고 있었다. 이정민 운영위원장 등을 포함한 유가족 협의회는 4월 4일 부산에서 출발해 광주, 전주, 대전, 수원을 거쳐 서울 이태원과 시청 앞 분향소까지 향하는 전국 투어를 진행하는 중이었다.

조 대표는 창당 선언 이후 2월 22일에 이태원 분향소를 찾아 유가족들을 면담했다. 그리고 바로 다음 날 용산 대통령실 앞에서 기자회견을 열고 이태원 유가족들과 면담이라도 하라며 윤석열 대통령을 규탄했다. 그러면 적어도 유가족들에게 더해지는 2차 가해만큼은 크게 줄어들 것이기 때문이다.

조 대표는 이정민 운영위원장과 노고를 치하하는 대화를 나눈 후 "진실에 투표하세요!"라고 절절하게 외치고 있는 이태원 참사 유가족들과 한 명 한 명 인사를 나누며 예를 표했다.

히틀러를 운운한 한동훈에게 거울을 들이밀다

다음 행선지는 청량리역이었다. 조 대표는 이곳에서도 미리 모여 있던 많은 지지자들의 환호를 받으며 청량리역 광장의 낮은 무대에 올랐다. 공직선거법상 연설을 할 수 없는 조 대표는 이번

청량리역 앞 광장에서 지지자들과 함께 구호를 외치는 조국 대표.

에도 한 지지자로부터 "2년 만에 이게 뭐냐 짱돌 대신 표를 들자"라고 쓰인 손 피켓을 받아 들었다.

이어 한동훈 위원장이 조 대표를 히틀러에 비유했다는 기자의 말이 들려왔다. 조 대표는 유쾌하게 웃으며 "한동훈 위원장이 거울을 보고 얘기를 하는 것 같습니다"라고 가볍게 받아쳤다.

"우리나라에서 정치적으로 가장 극우적인 정치 집단이 어딥니까? (국민의힘!) 그리고 우리나라 정치 지도자 중에서 가장 기괴한 행동을 보이는 사람이 누굽니까? (윤석열!) 제가 히틀러에 가깝습니까? (아니오!) 누가 히틀러에 가깝습니까? (윤석열!) 저의 말보다 시민 여러분의 답변을 한동훈 위원장님께 들려드려야 한다고 생각합니다."

생일에 선거 운동을 하는 소회가 어떤지 묻는 질문도 들어

왔다. 조 대표가 "양력으로 오늘이 생일"이라고 운을 떼자 그를 둘러싼 지지자들이 곧바로 생일 축하 합창을 시작했고, 이어 여러 지지자가 무대로 나와 소소한 선물들을 전달했다. 그중에는 조국혁신당이 정당 기호를 알리기 위해 패러디한 '9UCCI'가 인쇄된 쇼핑백도 있었다.

조 대표는 "전국을 도느라 집에 들어가지 못해 아직 생일밥도 못 챙겨먹었지만, 시민들이 노래도 불러주고 선물도 주셔서 감사하다"고 했다. 그러면서도 정말 받고 싶은 선물은 따로 있다고 했다. "오늘이 사전투표 마지막 날"이라면서, 이번 선거에서 사전투표율이 39.9%가 되는 것, 또 총 투표율이 99.9%가 되는 것이 꼭 받고 싶은 선물이라고 했다. 물론 정당 기호 9를 강조한 말이었다.

소멸 위기에 처한 지역을 살리기 위해 힘쓰겠다

다음 행선지는 강릉이었다. 조 대표를 포함한 후보자 일행은 청량리역에서 KTX를 타고 강릉으로 이동해 강릉 월화거리 광장에 도착했다. 여기서도 후보자 소개를 마치자마자 지지자들의 생일 축하 노래가 쏟아졌다.

강릉을 찾은 이유를 묻는 질문에 조 대표는 대뜸 '응징 투어'임을 강조했다. "윤석열 정권의 창출과 기획에 기여한 사람이 있는 곳, 지난 2년간 윤석열 정권의 실정과 비리에 책임이 있는 사람이 출마한 곳"을 선택했다는 것이다. 스스로 '원조 친윤'이라고 자부한 권성동 의원을 정면으로 겨냥하는 말이었다.

지역 소멸 위기를 마주한 대표적인 지역인 강원도의 미래 전망을 묻는 질문에 대해서는 "강원도뿐만 아니라 지역의 웬만한 중소도시, 대도시들도 지역 소멸 현상이 진행 중"이라고 전제하고, '서울공화국'이 강화되고 확대되는 것에 문제를 제기했다.

이어 국민의힘 한동훈 위원장이 두 달 전인 2월 "목련꽃이 필 때 김포가 서울이 된다"고 약속한 것을 언급하며, 이미 목련꽃이 다 진 4월 6일 김포시 유세에서 한동훈 위원장이 "김포는 이미 서울"이라고 황당한 선언을 내놓은 것을 꼬집었다. 조 대표는 한동훈이 "말장난을 하는 것"이라고 규정하고, 한동훈이 4일 유세에서 "나는 아직 거짓말하는 법을 배우지 못했다, 앞으로 배워보려고 한다"고 말한 것도 따끔하게 짚었다.

조 대표는 지역 소멸 문제의 해결책으로 지방분권 균형발전을 위한 예산이 중요하다고 강조했다. 현재 지역균형발전 특별회계가 총 예산 대비 계속 줄어들고 있는 점을 적시하며 이 특별회계를 늘려야 한다고 강력히 주장했다. 또 강원특별법이 통과됐지만 그 법률의 내용에 인적, 물적, 재정적 독립과 중앙의 지원 문제가 부족하다며 국회에 진출하면 검토하겠다고 약속했다.

왜 투표를 해야 하는지 묻는 질문에는, "민주주의의 원론과 별개로 지난 2년간 쌓인 불만과 분노, 실망을 윤석열 정권에게 드러내야 한다. 그 가장 강력하고 명백한 방법이 투표"라고 답했다. 투표를 통

강릉 중앙시장을 찾은 조국 대표가 시민들과 기념 사진을 촬영하고 있다.

해 정권에 경고해야 하며, 그렇게 하지 않으면 지난 2년보다 못한 방식으로 앞으로의 3년을 이끌어 가게 될 것이라는 말도 덧붙였다.

강릉시민들의 환호에
격정적인 연설을 보여준 조국 대표.

2024.04.07 | 서울 여의도-연남동-성수동-옥수동 | 박지훈

조국의 도마 위에 오른 '진짜 독재자'들

4월 7일, 서울 집중 유세

총선까지 하루하루 집중해 성과를 내겠다

4월 7일 조국 대표와 후보자들은 공식 선거운동 시작 이래 처음으로 하루 종일 서울 집중 유세에 힘을 쏟았다. 첫 일정은 여의도 한강공원이었다. 마침 일요일이어서 더 많은 시민들이 모여들었다. 벚꽃이 활짝 핀 한강공원에서 시민들은 갖가지 아이디어로 만들어 온 손 피켓을 들고 '3년은 너무 길다' 구호를 외치거나 '조국열차 999'로 개사한 노래를 부르며 분위기를 달구고 있었다.

그런데 한강공원 나들이를 나왔다가 조 대표를 보고 반갑게 합류한 시민들이 뒤엉키면서 질서와 통제가 무너졌다. 다행히 별다른 사고는 없었지만 계속 밀려드는 인파 때문에 기자회견

벚꽃 핀 여의도 한강공원에서 지지자들과 기념 사진을 찍는 조국 대표.

도, 조 대표의 공개 발언도 진행되지 못해 아쉬움을 남겼다. 이런 이유로 이날 여의도 일정은 시민들과의 사진 촬영 위주로만 진행됐다. 조 대표 일행은 촬영이 끝난 뒤에도 계속 한강공원을 따라 걸으며 시민들과 인사를 나누고 힘차게 "파이팅!"을 외쳤다.

　　여의도 한강공원 일정을 마친 조 대표 일행은 한강을 건너 마포구의 연남동 경의선 숲길공원으로 자리를 옮겼다. 이곳에도 이미 많은 시민들이 모여 조 대표를 기다리고 있었다. 조 대표는 차에서 내려 마주치는 시민들과 반갑게 인사하며 기자회견 장소로 향했다. 최대한 많은 시민들과 인사하기 위해 상당한 거리를 걸어서 이동한 날이었다. 그런 조 대표의 모습에 반가워하며 손이라도 한 번 잡아보고 싶어하는 시민들이 많아 이동이 크게 지체되기도 했다.

이렇게 우연히 마주친 시민들 다수가 구름처럼 조 대표를 따라오면서, 기자회견 장소에 이미 모여 있던 시민들과 합류해 인산인해를 이루었다. 예정된 장소에 도착한 조 대표가 인사말을 던지자 그 많은 시민들로부터 힘찬 환호성이 터져 나왔다.

이날 기자회견에서는 유의미한 질문이 여럿 나왔다. 먼저 전날 응징 투어에 나섰던 강릉의 권성동 의원이 이날 오전 국회에서 급하게 기자회견을 열고 민주당 이재명 대표와 조국 대표를 '극단주의 세력'이라고 지칭했는데, 조국 대표는 어떻게 생각하는지 묻는 질문이 들어왔다.

조 대표는 권성동 의원의 발언에 대해 반격에 나섰다. 대파 한 단 가격이 875원인 것이 합리적이라고 한 사람이 극단적으로 무지한 것이고, 생모와 함께 주가조작으로 극단적 수익을 얻은 사람이 극단적인 것이며, 부인과 장모가 그런 극단적 수익을 얻었는데도 대통령 거부권으로 수사를 거부한 사람이 극단적이라는 내용이었다.

이어 한동훈 위원장도 도마 위에 올렸다. '고발사주' 사건 수사 과정에서 공수처가 한동훈이 고발사주 사건에 공모 혐의가 있다고 판단했던 사실을 상기시키고, 그 과정에서 한동훈이 휴대폰 비밀번호를 24자리 이상으로 설정했던 사실을 문제 삼았다.

"여러분 중에 휴대폰 비밀번호를 스물네 자리 설정한 분 있습니까? (없습니다!) 자기의 휴대폰 비밀번호를 스물네 자리 이상으로 설정하는 극단적 행위를 한 사람이 한동훈입니다! 그런 사람들이 저보고 극단주의라고 하는 것, 어불성설이고, 휴대폰 비밀번호를 스물네 자리 플러스알파로 설정한 사람이 휴대폰 비밀번호를 스스로 푼 우리 박은정 후보에게 극단주의 운운하는 것은 부끄러운 일이라 생각합니다."

이어 한 기자가 전날까지 있었던 사전투표 결과 높은 투표율이 나왔다고 언급했다. 조 대표는 역대 최고를 기록한 재외투표율도 함께 언급하면서 "지난 2년간 우리 국민들이 투표하고 싶어서 미칠 지경이었다고 생각한다"고 해석했다. 그러면서 국민들이 윤석열 정권에게 경고를 날리고 그들을 심판할 수 있는 유일한 방법으로 투표를 독려했다.

한편 기자회견에 참석한 외신기자로부터 조국 대표의 대선 출마 의향을 묻는 질문도 들어왔다. 이에 조 대표는 "나는 대통령선거에 나갈 자격이 없다"고 말하며, "조국혁신당이 만들어진 지 고작 한 달밖에 안됐고 나도 신생 정치인이기 때문에 임박한 총선에 집중할 뿐"이라고 했다. 이어 "오로지 매일매일, 하루하루에 집중해서 성과를 내겠다"고 덧붙였다.

원색적인 비난과 억지에 단호히 대응하다

다음으로 향한 곳은 성수동에 있는 서울숲이었다. 이곳에서도 기자회견이 예견된 장소에 많은 시민이 미리 운집해 있었고, 조

경의선 숲길공원에서 시민들에게 둘러싸여 기자회견을 하는 조국 대표.

대표는 도착하자마자 시민들이 모여 앉은 너른 계단의 빈 자리로 가 냉큼 앉아 단체 사진을 촬영했다. 이후 모인 시민들에게 "돌고 오겠습니다" 하고 양해를 구한 후 인근을 한 바퀴 돌았다.

조 대표가 발을 내딛는 곳마다 그의 방문을 미처 알지 못했던 시민들이 반갑게 인사하며 줄줄이 그의 뒤를 따랐다. 앞서 연남동에서 이런 방법으로 시민들을 모으는 효과를 보고 바로 활용한 셈이다. 조국 대표가 기자회견 장소로 돌아올 때쯤엔 인파가 훨씬 불어나 있었다.

기자회견이 시작되고, 첫 질문으로 국민의힘 한동훈 위원장이 조국 대표를 가리켜 "개폼 잡는다"라고 막말을 한 데 대한 질문이 들어왔다. 이날 한동훈은 대전에서 유세를 하던 중 조국혁신당의 사회연대임금제 공약을 문제 삼으면서 "조국식 사회주의"라느니 "초등학생 같은 발상" 등의 말을 쏟아내고, "왜 우리보고는 임금 낮추겠다고 개폼 잡느냐"라고 공격한 바 있다.

조 대표는 먼저 "집권 여당의 대표 입에서 '개폼 잡는다'라는 말은 격이 안 맞다, 언어 생활을 좀 순화를 해야"라고 훈계부터 했다. 또 한동훈의 사회주의 운운에 대해 선거 막판이라고 많이 급해서 막 던진다고 평가한 후, 21세기 대한민국에서 사회주의나 종북 등으로 공격하는 걸 누가 믿겠냐고 받아쳤다.

이어 조 대표는 사회연대임금제는 이미 북유럽에서 도입된 제도이며 우리나라에서도 한국노총의 제안으로 일부 이루어졌다고 소개하면서, 교섭권이 강한 대기업에서 노동자들이 임금 협상으로 얻은 임금 인상분의 일부를 비정규직 등 약자와 나누는 제도라고 소개했다.

한국노총은 2020년부터 임금 인상분 일부를 사회적 연대임금으로 조성해 비정규직과 하청업체 등에 양보하여 불평등을 완화하자고 제안해 왔고, 올해 2월에도 이를 재확인하며 양보 비율을 1.5%로 제안한 바 있다. 이를 실제로 실천한 사례가 한국노총 산하 금융노조다. 금융노조는 2020년부터 정규직 임금 인상분의 절반 정도를 비정규직 처우 개선 등에 사용하도록 하고 있다. 또한 한국 SK이노베이션은 이미 2018년부터 비슷한 취지의 제도를 시행해 200억 원의 기금을 협력사 지원에 사용해 온 바 있다.

  조국혁신당이 4월 4일에 발표한 '사회권 선진국' 비전의 일부인 사회연대임금제 제안은, 이렇게 한국노총과 SK이노베이션 등에서 실천해 온 자율적 노력을 정부의 세제 혜택 등으로 더욱 확산하자는 제안인 것이다. 하지만 조선일보를 비롯한 다수 언론과 국민의힘은 이를 '노동자 임금을 깎자는 것'이라고 호도해 조국 대표와 조국혁신당을 공격했다. 당일 저녁에 조국혁신당이 '사실은 이렇습니다' 정정을 내놓았음에도 불구하고 총선 바로 전날까지 공격을 이어갔다.

  이어 한 기자는 당일 방송 예정이던 MBC 〈복면가왕〉 9주년 특집 방송이 조국혁신당의 정당 기호 9와 같다는 이유로 결방된 일에 대한 의견을 물었다. 조 대표는 "복면가왕 9주년의 9자가 조국혁신당을 상징해서 결방해야 한다면, KBS 9시 뉴스도 취소해야 한다"고 일갈했다. 심지어 KBS 9시 뉴스 초기 화면의 색깔이 조국혁신당의 푸른색과 같다면서 똑같이 결방시켜야 하느냐고 반문했다.

압도적 지지에 힘입어 압도적 변화를 만들어 내겠다

이날 마지막 일정은 옥수동 옥수파출소 옆 광장에서 이어졌다. 이곳은 도심의 아파트 단지 앞 작은 광장으로, 공간이 그리 넓지 않았지만 이미 백여 명의 시민들이 모여 조 대표를 기다리고 있었다. 조 대표와 함께하는 비례대표 후보들이 한 명씩 소개되자

서울숲에서 기자들의 질문에 답하며
한동훈 위원장의 발언을 비판하는 조국 대표.

시민들은 각각의 후보 이름을 연호하며 힘차게 응원했다.

　기자회견이 시작되고, 조 대표는 국민의힘 한동훈 비대위원장이 "야당 200석이 되면 독재가 된다"고 했다는 이야기를 듣고 "듣다 듣다 그런 헛소리는 처음 듣습니다"라며 어이없어 했다. 조 대표는 "독재를 하려면 정치 권력을 잡고 있어야 가능한 것"이라며 "독재자는 검찰권을 행사해서 자신과 가족과 측근의 비리를 수사 받지 않도록 만들 수 있는 권력을 가진 자"라고 바로잡았다.

　"지금 현재 그런 독재자가 누구입니까? 김건희 씨의 주가조작 공범은 모두 1심에서 유죄 판결을 받았고 김건희 씨 자신 및 그의 생모, 즉 윤석열 대통령의 장모가 범죄 수익으로 23억을 벌어들였음이 검찰 보고서에 적혀 있는데 수사도 받지 않고 기소도 되지 않는 그런 상태로 만드는 권력을 누가 가지고 있습니까? 그런 권력을 이재명 대표가 가지고 있습니까, 제가 가지고 있습니까?"

'한동훈 특검법'을 어떻게 연대해서 풀어갈 것이냐는 질문에 조 대표는 법안은 이미 완성되어 있다면서, 이번 선거에서 10석 이상을 얻으면 바로 단독 발의를 할 수 있다고 했다. 하지만 특검 법 통과를 위해서는 민주당의 도움이 필요하다면서 민주당이 준 비 중인 '김건희 종합 특검법'과 조국혁신당의 '한동훈 특검법'을 쌍끌이로 통과시킬 수 있을 것이라는 전망을 밝혔다.

또 한 기자는 "이미 조국혁신당의 지지세는 충분하니 더불 어민주연합을 찍어야 한다는 여론도 있다"면서 그에 대한 의견 을 물었다. 이에 조 대표는 더불어민주연합의 대표를 맡은 윤영 덕 의원과는 청와대에서 함께 일했던 각별한 인연도 있지만, 당 사이에는 일정한 긴장감이 존재한다고 전제했다.

또 조국혁신당이 등장하면서 많은 것을 바꿔놓았다는 것은 조국 혁신당에 대해 매우 비판적이었던 보수 평론가들까지 인정하고 있는 사실이라면서, 창당을 통해 판을 바꾼 것은 사실이지만 진짜 변화는 4월 10일 이후에 일어날 것이라고 말했다. 조국혁신당은 지금의 이 기조와 기세를 유지해야 한다며 그러려면 조국혁신당에 압도적 지지를 보내주셔야 한다고 당부하기도 했다. 압도적 지지를 얻 어 22대 국회 개원 이후 압도적 변화를 만들겠다고 약속했다.

한편 이날 기자회견 중에는 옥수동이 포함된 중성동을 선거 구의 민주당 후보 박성준 대변인이 찾아와 조 대표와 인사를 나눴

© 팩트TV

옥수동을 찾은 조국 대표가 지지자들이 준비해 온 피켓을 들고
기자들의 질문에 답하고 있다.

다. 박 후보는 조 대표와 교수 시절부터 인연이 있어 찾아왔다며
반갑게 포옹을 하고 짧은 인사말을 남겼다. 박성준 대변인은 이번
총선에서 국민의힘 이혜훈 후보와 맞붙어 2.28% 차이로 당선됐다.

한동훈의 허무맹랑한 주장들에 대해
통쾌한 일갈을 보여준 성수동 서울숲 현장.

2024.04.08 | 김포-군포-위례-서울 | 박지훈

총선 이후 더 나아질 대한민국을 기대하며

김포, 군포, 위례, 서울시민과 함께

'막말' 한동훈에게 필요한 것은 국민의 따끔한 심판

총선 본 투표일을 이틀 앞둔 4월 8일, 조국 대표와 비례대표 후보들은 경기권을 중심으로 유세를 이어나갔다. 첫 행선지는 김포였다. 이날 기자회견은 조 대표가 한 지지자로부터 '3년도 길어요ㅠㅠ 2년으로'라고 적힌 피켓을 받아들며 시작됐다.

첫 질문은 김포 지역 최대 관심사였을 '서울 편입' 문제였다. 조 대표는 해당 문제는 서울과 김포 양쪽 모두 매우 복잡한 법적 절차가 요구되는 일로, 한동훈 비대위원장도, 국회에서도 할 수 없는 일이라고 설명했다. 이를 국회에서 실현할 유일한 방법은 김포를 서울로 통합하는 특별법을 만드는 것인데 이것도 사실상

불가능에 가깝다고 했다.

또 한동훈이 "목련꽃이 필 때쯤 김포는 서울이 되어 있을 것"이라고 말한 데 대해 목련꽃은 벌써 졌다는 점을 꼬집었다. 만약 기자들이 한동훈 비대위원장에게 이를 다시 묻는다면 2024년이라고 말한 적 없다며 빠져나갈 것이라고 했다. 또 한동훈의 "김포는 이미 서울 아닙니까?"라는 발언은 김포시민과 서울시민을 모두 우롱한 것이라면서, 김포시민들의 불편함은 다른 방법으로 풀어야 한다고 설명했다.

국민의힘에서 윤재옥 원내대표 등이 개헌 저지선을 운운한 것에 대해서는 그동안 국민 위에 군림하며 오만한 태도를 보이던 이들이 드디어 국민의 심판이 다가오는 점을 알아챈 모양이라고 규정하고, 심판을 피하기 위한 엄살로 개헌 저지선 발언을 던진 것으로 본다고 했다.

이어 〈복면가왕〉 9주년 특집 방송이 결방된 것을 두고 그렇게 되면 KBS 9시 뉴스를 비롯해 〈은하철도 999〉 노래도 금지해야 하고 전국 초등학교에서 구구단도 가르치면 안 된다며 비꼬았다. 또 한 지지자가 들고 온 피켓의 내용을 인용해 "야구도 8회까지만!"이라고 덧붙여 시민들 사이에서 웃음이 터져 나왔다.

국민의힘 한동훈 위원장이 "야당이 200석을 얻으면 스스로 사면하겠다"고 주장한 데 대해서는 "사면권은 대통령에게 있다"고 전제한 후 "야당이 200석을 얻으면 한동훈 비대위원장이 윤

김포아트홀 앞에서 환영하는 시민들에 둘러싸여 기자회견을 하는 조국 대표.
한동훈 위원장의 발언에 대한 공격이 매서웠다.

석열 대통령에게 사면하겠다고 건의하겠다는 건지"라고 비꼬았
다. 이재명 대표와 자신은 국법 질서를 따른다며, 재판 결과가 어
떻게 될지 모르지만 그에 따를 것이라고 말했다.

또 한동훈 위원장이 갑자기 그런 엉뚱한 얘기를 하는 것은
큰일이 벌어질 것 같은 공포감을 조성하기 위함이라고 지적하
며, 범야권이 200석을 얻는 것을 두려워하는 사람은 윤석열, 김
건희, 한동훈뿐이라고 했다.

"200석이 있으면 윤석열 대통령의 거부권 오남용을 막을 수 있습
니다. 대통령이 거부권을 행사하더라도 다시 재발의해서 통과시킬 수
있고, 그럼 특별검사가 임명될 수 있고, 그 특별검사가 김건희 씨 및 생

모 최은순 씨의 주가조작 등등 범죄에 대해 수사를 할 수 있습니다. 우리가 200석을 확보하면 김건희 씨가 법정에 출두하는 모습을 보게 될 것입니다. 김건희 씨가 법정에 출석하는 모습을 두려워하는 사람이 우리입니까? (아니오!)"

이어 조 대표는 목표 의석수는 10석에서 수정하지 않았지만 비례대표는 국민들이 압도적으로 밀어줘야 한다고 당부했다. "압도적으로 비례대표 9번을 찍어주신다면 저희가 창당 이후 지금까지 유지해 왔던 그 기세 그대로 4월 10일 이후에도 달려갈 것입니다. 절대 좌고우면하지 않고 직진할 것입니다."

다른 기자가 한동훈 비대위원장의 입이 거칠어지고 있는데 총선 이후 한동훈의 위치나 거취가 어떻게 될 것 같냐고 묻자, 조 대표는 잠깐 지지자들을 둘러보다 한 지지자로부터 '쫄리나?'라고 적힌 피켓을 받아 들었다. 그러고는 "한동훈 비대위원장이 매우 급해진 것 같다"고 말하고, 피켓의 '쫄리나?' 부분을 손으로 가리키며 "이런 측면이 있는 것 같다"고 비꼬았다. 원래 사람이 급해지고 궁색해지고 불안해지면 평소의 교양 수준이 드러난다며 '개', '쓰레기', '개폼' 등 한동훈이 늘어놓은 상스러운 막말들을 나열하고 언어 순화가 필요하다고 일갈했다. 또 4월 10일 이후 한동훈은 공적 활동은 못할 것이라고 답변을 마무리했다.

한편 이 기자회견이 열린 김포아트홀은 김포갑 선거구로, 이틀 후 투표 결과 민주당 김주영 후보가 국민의힘 박진호 의원을 9% 이상의 차이로 여유 있게 따돌리고 당선됐다. 같은 김포의 김포을 선거구에서도 민주당 박상혁 후보가 국민의힘 홍철호 후보를 11%나 앞서면서 당선됐다. 김포시민들 다수는 국민의힘의 '김포시 서울 통합' 말장난을 외면했다고 볼 수 있다.

윤석열 대통령에게는 국정 최고 책임자의 자세가 없다

다음 일정은 군포시 산본로데오거리에서 이어졌다. 예정된 장소인 사거리 분수대 광장에는 많은 군포시민이 중앙의 임시 단상을 가운데 두고 둥그렇게 둘러앉아 있었다. 시민들의 환호 속에 입장한 조 대표는 한 지지자가 미리 만들어 온 대파와 수갑, 디올 가방을 형상화한 소품을 받아 들었다. 다분히 코믹한 소품이었음에도 결기에 찬 조국 대표의 손 안에서는 전혀 어색해 보이지 않았다.

여기서는 당일 오전 국민의힘 한동훈 비대위원장이 "87년처럼 데모하러 나올 거냐"라고 발언한 것에 대한 질문이 들어왔다. 이 발언은 그 자체로 매우 어처구니없는 것으로, 조 대표도 믿기지 않는 표정으로 "데모하러 나오는 주체가 누굴 말하는 것이냐"고 되물어야만 할 정도였다.

조 대표는 "무슨 말인지 이해가 안 됩니다"라고 운을 뗀 후, 야권 200석을 넘게 되면 법적으로 윤석열 대통령의 거부권 남발을 막고 법률을 관철할 수 있게 되는 것이라고 설명했다. 범죄 혐의가 있는데도 검찰에 소환조차 되지 않는 김건희와 달리, 이재명 대표의 부인 김혜경 여사는 법인카드 7만5천 원을 사용했다는 문제로 기소되어 바로 이날 법정에 출석한 바 있다. 조 대표는 한동훈 위원장이 4월 10일 이후 무슨 역할을 할지 모르겠지만 민주당과 조국혁신당이 주도해서 정국을 이끌어갈 테니 신경 쓰지 말라고 통쾌하게 일갈했다.

다음 행선지는 성남, 하남, 서울이 일부 포함되어 있는 위례신도시의 위례중앙광장이었다. 이곳에서는 '4년 전 총선에서도 경제위기 심판론이 띄워졌는데 지금의 민생경제 심판론과 어떤 차이가 있다고 보는지' 묻는 질문이 들어왔다. 그런데 21대 총선 당시 제기되었던 경제 심판론은 당시 야당이었던 자유한국당이 정권 심판 몰이가 통하지 않자 총선 코앞에서 바꿔 들었던 전략적 모토에 불과한 것으로, 프레임 자체가 허구였다.

답변에 나선 조 대표는 코로나19는 전 세계적인 문제였다고 말하며, 지금은 코로나19로 인한 위기가 끝났음에도 자영업자들의 상황이 훨씬 안 좋아졌다고 설명했다. 이렇게 민생 위기가 더 심해진 것은 윤석열 정권의 무능함을 보여주는 것이고, 그 무능함은 무지함에서 왔다고 덧붙였다. 그 대표적인 사례가 '대파 한 단 875원이 합리적'이라는 윤석열 대통령의 말이라고 했다.

이어 의대 정원 관련 질문이 나오자 문재인 정부 때는 의대 정원을 4백 명 늘리면서 그 인원을 지역의 필수의료 분야에 우선

조국 대표를 만나기 위해 모여든 군포시민들이 사거리 분수대 광장을 가득 채웠다.

어린이들과 함께 기념 사진을 찍는 조국 대표.

배치한다는 원칙을 세웠는데, 윤석열 정권은 2천 명을 늘린다면서 이런 조건들을 하나도 갖추지 않았다고 지적했다.

또 윤석열 대통령의 의료개혁 대국민 담화를 두고 "독백 또는 검찰 공소장 같은 담화문"이라면서, 본인 얘기만 늘어놓으니 너무 지겨워서 다 듣지도 못했다고 했다. 의사들을 향해 "안을 가져오면 생각해 보겠다"라고 말하는 것은 국정 최고 책임자의 자세가 아니라고 일갈하기도 했다. 또 국정 최고 책임자는 모든 분쟁과 갈등의 해결을 책임지는 사람인데 윤석열 대통령에게는 그런 자세가 없다고 했다.

이날 조 대표는 시민들과의 단체 사진 촬영에 앞서 특별히 어린이들과는 한 명씩 사진을 찍었다. 한 무리의 어린이들에 이어 아기티를 겨우 벗은 유아가 아장아장 걸어 나오자 좌중의 웃음이 쏟아졌다. 행사를 마치고 차도까지 걸어 나온 조 대표는 경호를 위해 빈틈없이 자신의 뒤를 따르고 있는 사복경찰들을 향해 "서에서 수고하십니다. 저 때문에 고생 많으십니다"라고 감사를 표하고 차량에 탑승했다.

서울 숭실대 앞에서 청년들의 환영과 기대를 받다

이날 조국 대표가 마지막으로 찾은 곳은 서울 동작구의 숭실대 앞이었다. 정문 근처에서 내려 시민들이 모여 있는 곳까지 걸어가던 중 일행 한 사람이 교문 앞의 대학생들과 사진을 찍자고 권했다. 그러자 순식간에 수십 명의 학생들이 달려와 웃으며 함께 포즈를 취했다. 자신의 어깨 너머로 나름의 '셀카'를 찍는 학생들도 있었고 돌아서는 조 대표를 붙잡고 악수를 청하는 학생도 있었다. 조국혁신당을 두고 '20대 지지율 0%'라고 고집스레 말하던 보수언론들의 주장을 일거에 무색하게 만드는 장면이었다.

숭실대 정문 한쪽의 널찍한 계단에 모여 앉은 수백 명의 시민들은 조 대표가 다가오자 환호성을 질렀다. 조 대표보다 먼저 와 있던 조국혁신당 후보들과 임유원 서울시당 위원장, 강미정 대변인이 먼저 인사를 하고 마지막으로 조국 대표가 앞으로 나서자 우레 같은 함성과 함께 "조국! 조국!" 하는 연호가 쏟아졌다.

기자회견의 첫 질문으로 최근 2030 지지율이 많이 올라온 것을 실감하냐는 질문이 들어오자, 조 대표는 대뜸 지지자들 쪽으로 걸어가 '30대도 조국이다'라고 쓰인 피켓을 받아 손에 들었다. 이어 20대와 30대의 지지율이 높아지고 있다는 최근 여론조사 결과를 설명했다. 또 전국 지역 방문에서 20대는 물론 10대에서도 많은 지지자가 나오고 있다면서, 20, 30대 지지율이 40, 50대에 비해 적은 것은 사실이지만 앞으로 더 많은 지지를 받기 위해 열심히 소통하고 관련 정책을 만들어 가겠다고 약속했다.

이날 한 일본 기자는 야당이 다수 의석을 차지하면 한일관계가 다시 악화되는 게 아닌지 우려하고 있다는 일본의 여론을 전했다. 이에 조 대표는 한국과 미국, 한국과 일본 사이의 관계는 더 잘 전개되어야 한다고 생각한다면서, 한일관계의 여러 쟁점

숭실대 앞에서 시민들과 사진을 찍는 조국 대표.
이날 현장에는 젊은 청년들이 많이 모여 조국혁신당의 인기를 증명했다.

과 관련해 윤석열 정권이 일방적으로 일본 정부의 편을 들고 있
는 것으로 보여 일정 정도 수정은 필요하다고 답했다. 또 윤석열
정권이 중국, 러시아와의 외교 관계를 거의 파탄에 빠뜨렸기 때
문에 그것 또한 회복해야 한다는 의견을 밝혔다.

　　이어 국민의힘 김경율 선대위 부위원장이 코링크PE 등 사
모펀드 문제가 해명되지 않았다고 주장한 것에 대한 질문이 들
어왔다. 조 대표는 김경율이 2019년에 '사모펀드가 조국 것'이라
고 주장했던 사람임을 설명하고, 자신은 사모펀드 관련 혐의로
기소되지도 않았고 당연히 유죄 판결을 받지도 않았다는 점을
강조했다. 이어 김경율이 자신이 모시는 한동훈의 처지가 궁박

해지니까 딴지를 거는 것이라고 답했다.

기자회견을 마무리하고 단체 사진을 촬영할 즈음에는 인파가 눈에 띄게 늘어나 있었고, 젊은 청년들도 곳곳에 자리하고 있었다. 조 대표와 함께 사진을 찍는 지지자들의 얼굴마다 총선 이후 더 나아질 대한민국에 대한 밝은 희망들이 가득했다.

수많은 학생들이 모여 조국혁신당을 향한
2030의 뜨거운 지지세를 보여준 숭실대 현장.

2024.04.09 | 부산-대구-광주-서울 | 미디어몽구

부산에서 시작해 광화문에서 마무리한 대장정

D-1 부산, 대구, 광주, 서울 유세의 현장

부산시민들, 조국 대표에게 광복군 태극기를 선물하다

결전을 하루 앞둔 4월 9일, 조국 대표의 마지막 유세는 고향인 부산에서 시작되었다. 부산에서 바람몰이를 하는 조국 대표의 마지막 유세가 10시에 시청 앞 광장에서 시작된다는 소식에 삼삼오오 사람들이 몰려들어 넓은 광장을 가득 메웠다.

'당선 이후 어떤 정치를 할 것이냐'는 기자의 물음에 조 대표는 "국민들의 지지는 제대로 싸우려는 데 대한 것이기에 절대 포기하지 않고 그 기세를 가열차게 유지하면서 싸워나갈 것이며, 더 중요한 것은 변화를 만들어 낼 것이다"라고 말했다.

이어 '범야권 200석이 만들어지면 개헌이 가능하냐'는 질문

부산시민에게 받은 광복군의 서명이 새겨진 대형 태극기를 들고
애국가를 부르는 조국 대표와 조국혁신당 비례대표들.

이 들어왔다. 조 대표는 "200석이 만들어지면 윤석열 대통령의
거부권을 거부할 수 있다"고 말하고, "'김건희 종합 특검법'이 통
과되면 특별검사가 임명되고 특별검사의 주도하에 김건희 씨를
수사하게 될 것"이라며, "200석이 확보되고 '김건희 특별법'이 통
과된다면 여러분들은 하반기에 김건희가 법정에 서는 모습을 보
게 될 것입니다"라고 말했다. 청중에서는 열광적인 환호와 박수
가 터져 나왔다.

조국 대표는 "부산에서 배출한 김영삼, 노무현 같은 걸출한
정치인들이 해온 업적을 생각한다면 부산시민의 선택이 대한민
국 전체의 정치 판도를 바꿀 것이라고 확신한다"며 조국혁신당

을 향한 지지를 호소했다.

한 부산시민은 특별한 선물이 있다면서 광복군의 서명이 새겨진 대형 태극기를 전달했다. 두 명의 시민 대표가 태극기를 전달하자 조국 대표와 조국혁신당 비례대표들은 그것을 함께 맞들었고 마이크를 든 시민은 홍범도 장군을 기리는 의미에서 애국가 1절을 합창하자고 제안했다. 현장에서 애국가가 울려 퍼지자 장내 분위기는 숙연해졌다.

대구에서 작정하고 윤 대통령 비판에 불을 뿜다

부산에서 출발한 조국 대표는 조국 버스를 타고 대구로 이동했다. 대구 동성로 관광안내소 앞에는 조국 대표를 보기 위해 수많은 지지자들이 구름 떼처럼 모여들었다.

마지막 날에 대구를 방문한 이유가 있냐는 기자의 질문에 조 대표는 "많은 정치평론가들이 대구를 보수나 험지라고 말하지만 대구 시민들의 나라 사랑은 다르지 않다"며 "윤석열 정권이 지난 2년간 보여 왔던 무능과 부패, 비리, 무도함은 진보와 보수, 영남과 호남의 문제가 아니다"라고 말했다.

이어 "대파 한 단이 875원이라 믿고 합리적이라 말하는 국정 최고 책임자에 대해 '이건 말도 안 된다', '이렇게 생각하니 물가가 잡힐리가 있나' 하고 생각하는 게 진보, 보수와 무슨 상관이 있습니까?"라고 말하며 "이런 사람이 지난 2년을 이끌었고, 앞으로

© 조국혁신당

대구 동성로에서 시민이 만들어 온 피켓을 들고 기자의 질문에 답하는 조국 대표.

3년을 더 이끌 생각을 하니 아찔하다”고 윤 대통령을 저격했다.

　조국 대표는 굳이 영남권에 갈 필요가 있냐고 묻는 사람도 있지만 자신은 그렇게 생각하지 않는다고 말했다. “영남이 바뀌는 결심을 하면 대한민국 전체가 바뀐다고 생각한다”며 “영남과 대구의 시민들이 특히 품격이 떨어지는 대통령에 대한 불만을 많이 갖고 계신다는 것을 알았다”고 말했다. 지지자들은 조국 대표의 한마디 한마디에 “네”라고 동조하며 뜨거운 박수를 보냈다.

　이어 조국 대표는 “시민들이 보내주는 뜨거운 열정에는 감사하지만 목표는 늘 10석이라고 말한다. 언제나 겸손하게 얘기하려 노력한다”라며 “다만 시민들께서 조금 더 힘을 얹어주셔야 한다”고 덧붙였다. “똑똑히 하겠습니다!”라고 외치기도 했다.

광주 전남은 대한민국의 민주화를 이끈 출발점

조국 대표의 다음 일정은 광주로 이어졌다. 지난 방문 때 광주 민심을 사로잡은 '충장로 연설'이 탄생한 광주 충장로우체국 앞 사거리였다. 역시 많은 지지자들과 기자들이 모인 가운데 한 기자가 민주당과의 합당 가능성에 대해 질문했다. 조국 대표는 창당선언 이후부터 그런 질문을 한 사람들이 많았다며 "합당은 없다"는 점을 다시 한번 분명히 밝혔다.

민주당보다 진보적인 목표가 많기 때문에 바로 합당을 하게되면 개혁적인 목표가 묶어진다는 것이 첫 번째 이유였다. 그리고 개혁적인 법안 통과를 위해서도 조국혁신당이 필요하다고 했다. 통합된 당이 아닌 개별 당으로서 민주당과 조국혁신당이 협력해야 법안 통과가 용이하기 때문이다.

광주를 다시 찾은 특별한 이유가 있냐는 질문에는 지난번 오늘과 같은 자리에서 연설을 한 사실을 언급하며, "우리나라 민주화를 이끈 출발점이 광주"이며 "광주시민들의 정치 의식이 매우 높다"는 점을 잘 알고 있다고 답했다. 조국 대표는 "대한민국 역사에서 광주의 선택은 정치적 변화의 출발점이다. 어떤 선택을할 것인지 기다리고 승복하겠다"고 말해 큰 박수를 받아냈다.

이어 민생 위기와 관련해 현 정부 심판을 주장한 부분에 대해 묻자 조국 대표는 "자영업자들은 코로나 위기 때보다 지금이더 힘들다"며 그 이유는 윤석열 정부의 무능함 때문이라고 했다.

광주 충장로우체국 앞에 앉아 구호를 외치며 조국 대표를 응원하는 시민들.

이어 "대파 한 단이 875원" 논란을 낳은 정부를 비판하자 곧장 시민 한 사람이 대파 다발을 내밀었고, 조국 대표는 웃으면서 그것을 받아 들었다. 그리고 윤 정부의 경제 무능에 대해 무서운 비판을 멈추지 않았다.

'정치 일번지' 광주의 명예를 세워주고 소상공인들의 힘겨움을 달래준 조국 대표의 발언에 광주시민들은 큰 위로를 받았고 선거 후 달라질 대한민국에 대한 기대를 갖게 되었다.

대장정을 마치며 남은 힘을 모두 쏟아낸 조국 대표

마지막 유세 장소는 3월 28일 출정식의 대미를 장식했던 세종문화회관 계단이었다. 지난번 출정식보다 훨씬 더 이른 시간부터 더 많은 시민들이 계단을 가득 메우고 있었다. 13일의 선거운동 기간 동안 조국혁신당이 전국에서 일으킨 돌풍과 바로 다음 날이 'D-day'라는 점이 그 많은 사람들을 불러 모은 원동력인 듯했다.

사람들이 가득한 현장 분위기는 마치 축구 거리 응원단을 방불케 할 만큼 유쾌하고 활력이 넘쳤다. 각종 피켓과 도구는 물론 대파 모자와 종이 디올백 등으로 코스프레를 한 사람들과 수많은 카메라, 취재진이 조국 대표를 기다리고 있었다.

예정 시간보다 다소 늦게 조국 대표가 비례대표들을 이끌고 도착했고 사람들의 연호와 박수가 터져 나왔다. 주변이 조용해진 뒤 조국 대표는 "국민들의 열렬한 지지에 감사드린다"며 "전 국민이 내일 투표용지 2장으로 윤 정부를 심판하는 날"임을 강조하고 부탁의 말을 이어갔다.

"더 강하게, 가장 빠르게, 가장 단호하게 달려왔기에 지금까지 이 짧은 시간 동안 서울시민들과 대한민국 국민들이 도와주셨다고 생각합니다. 마지막으로 부탁드립니다. 자정이 되기까지 아홉 명에게 전화하고 아홉 명에게 문자를 보내주십시오. 우리 자신의 손으로 윤석열 정권을 심판할 수 있습니다."

마지막 유세 심경이 어떤지 묻는 기자의 질문에 조국 대표는 "이 자리가 어떤 자리입니까?"라고 서두를 꺼내다 울컥한 듯 잠시 말을 잇지 못했다. 이어서 조국 대표는 "이 자리가 어떤 자리냐 하면 시민들이 촛불을 들고 일어나서 국정농단을 벌인 박근혜 정권을

월드컵 축구 응원을 방불케 했던 선거 전날 마지막 광화문 유세.

조기종식시켰던 그 자리입니다. 또 다른 국정농단이 벌어지고 있는데 어떤 조기종식이 있을지 모르지만 지난 2년은 지긋지긋하고 3년은 너무 깁니다. 그래서 오늘 이 자리에서 마지막 기자회견을 하기로 조국혁신당이 결정한 것입니다"라고 대답했다.

유세 차량도, 마이크도 없는 열악한 환경이었지만 조국 대표의 연설은 공간을 쩌렁쩌렁 울렸다.

"조국혁신당은 지금까지 그래왔던 것처럼 앞으로 4년 내내 가장 단호하게, 가장 강력하게 싸울 것입니다. 부족함이 많지만 그것은 대한민국 국민들이 도와주셔야 합니다. 국민 여러분이 도와주셔야 우리가 이길 수 있습니다. 다시 한번 호소합니다. 도와주십시오. 저와 조국혁신당은 목표한 바를 이루기 위해 끝까지 갈 것입니다."

　　13일간 선거운동의 대미를 장식하는 그의 사자후는 멀리 퍼져나 갔고 사람들은 휴대폰 손전등으로 불을 비추며 조국을 연호했다. 광장 계단은 불빛과 환호성으로 가득 찼다. 이어서 '조국 찬가' 멜로디에 가사를 '승리의 조국'으로 개사한 시민들의 떼창이 이어졌다.

　　모든 열정과 기운을 토해낸 조국 대표는 자리를 떠났지만 마지막 유세의 여운을 간직한 지지자들은 금방 자리를 떠나지 못했다. 자리에 남은 지지자들은 손전등 불빛 속에 파도타기를 하고 응원 구호를 외치며 총선 전 마지막 밤을 함께했다. 한국 정치사에 파란을 일으킨 조국혁신당 유세는 그렇게 끝을 맺었다.

광화문 기자회견에서 마지막 심경을 묻는 기자의 질문에 촛불혁명을 떠올리며 순간 울컥한 조국 대표.

조국혁신당
22대 총선 결과 분석

최종 지지율이 막판 여론조사와 달랐던 이유

총선 투표가 종료되는 4월 10일 오후 6시, 개표 방송이 시작되고 출구조사 결과를 보여주는 화면에서는 조국혁신당의 예상 의석 수가 '12~14석'이라는 예상치가 떴다. 국회의원회관에 마련된 조국혁신당 개표상황실을 비춘 방송 화면에서는 환호하는 후보들과 당직자들, 그리고 만족스러운 표정을 짓는 조국 대표의 모습이 비춰졌다. 하지만 다음 날 새벽 개표가 완료되고 최종 확정된 의석수는 출구조사 결과 예측 범위 중 가장 낮은 12석이었다.

이 결과는 조 대표가 일관되게 목표로 내세웠던 10석보다 분명히 많은 '10석 플러스알파'이고, 창당 한 달만의 결과라고 믿기 어려운 대단한 성취이자 승리임은 확실했다. 그러나 선거 직전까지 나온 여론조사 결과들과 거리가 있어 다소 아쉬운 느낌도 있었다. 이런 차이가 발생한 원인은 무엇일까?

중앙선거관리위원회의 최종 집계에서 조국혁신당이 얻은 지지율은 24.25%, 더불어민주연합은 26.69%, 국민의미래는 36.67%였다. 차이는 바로 여기 있었다. 각 여론조사기관의 총선 전 마지막 조사 결과에서 조국혁신당의 지지율은 더불어민주연합보다 높았다. 한국갤럽에서만 동률로 나왔을 뿐, 다른 모든 조사에서 조국혁신당은 더불어민주연합과 비교할 때 상당히 높은 지지율을 보였다. 그런데 막상 투표 결과에서는 조국혁신당의 지지율이 더불어민주연합보다 2.44% 낮게 나온 것이다.

이런 결과를 보면, 마지막 여론조사 발표 시점 이후 투표일에 임박해 조국혁신당 지지자 상당수가 더불어민주연합으로 이동했을 것이라고 추정할 수 있다. 즉 조국혁신당의 '지민비조' 지지율의 상당 부분이 '지민비민'으로 돌아선 것이다.

상식적으로 충분히 있을 수 있는 일이다. 실제로 막판 유세 중이던 4월 7일의 옥수동 기자회견에서 한 기자는 "이미 조국혁신당의 지지세는 충분하니 더불어민주연합을 찍어야 한다는 여론도 있다"라며 의견을 묻기도 했다. 당시 여론조사에서는 조국혁신당의 지지율이 최대 30%를 넘어가는 반면 더불어민주연합은 20%도 채 되지 않았기 때문이다.

하지만 조국혁신당의 지지율이 마지막 여론조사들보다 낮게 나온 데는 다른 요인도 있다고 봐야 한다. 총선 막판에 국민의힘 한동훈 비대위원장이 마구 던져댔던 '야권 200석 위기론'으로 인한 보수 결집이다. 물론 윤석열 정권 심판과 검찰개혁에 강한 의지를 가진 핵심 지지층이야 거의 움직이지 않았겠지만, 원래 민주당 지지 의사가 컸던 지지자와 중도보수에서 신규 유입된 지지자는 외부 변수에 따라 흔들릴 여지가 많았다.

조국혁신당 지지자 중 상당 부분은 원래 중도보수 성향이었다가 조국혁신당을 지지하게 된 사람들이었다. 즉 '비조지민' 효과를 이끌어 냈던 표들이다. 그런데 이런 지지자들은 새로 유입된 지지층으로, 당연히 오랜 지지자들에 비해 충성도가 낮을 수밖에 없다. 그래서 상대적으로 역풍에도 취약하다. 즉 보수 결집이 일어날 때 이탈자가 꽤 생길 수 있는 것이다.

중도보수층 상당수가 조국혁신당에서 빠져나간 현상은 다른 지역보다 부산·울산·경남 지역의 지역구 투표 결과에서 더 극적으로 나타났다. PK 지역은 당초 조국혁신당의 돌풍이 가장 거세게 불어 '비조지민' 신규 유입자의 절대적 숫자 자체가 많았다. 그만큼 보수 결집으로 빠져나간 숫자도 많았다고 볼 수 있다.

종합해서 정리하자면, 개표 결과에서 조국혁신당의 지지율은 어느 한 요인 때문에 낮아진 것이 아니라 민주당과 국민의힘 양쪽 방향으로 조금씩 빠져나갔다고 봐야 할 것이다. 요컨대 민주당에서 유입된 지지자의 상당수는 더불어민주연합의 낮은 지지율이 걱정되어서, 또 중도보수층에서 유입된 지지자들 상당수는 야권 200석이라는 막연한 공포로 인해 원래 자리로 돌아갔다는 얘기가 되겠다.

그리고 여기에는 더 근본적인 배경이 있다. 신생 정당이기 때문에 아직 충성도가 높지 않은 지지자들이 무시할 수 없을 정도로 많다는 것이다. 창당한 지 불과 한 달밖에 되지 않은 정당의 한계인 셈이다. 다만 양쪽의 '바람'에도 불구하고 그 이탈률이 그렇게 크지는 않았다는 점에서 다행일 수 있겠다. 이런 관점에서 본다면 창당 직후의 신생 정당이 가질 수밖에 없는 당연한 리스크가 존재했던 것이고, 다음 총선에서는 많이 다른 결과가 나타날 것이라고 기대해 볼 수 있다.

조국혁신당의 등장이 4·10 총선에 미친 영향

윤석열 대통령에 대한 긍정적인 평가는 취임 직후 두 달 정도인 2022년 6월까지만 겨우 40%대를 기록했을 뿐 7월부터는 내내 30%대에 머물렀고, 20%대로도 종종 떨어졌다. 부정 평가 역시 60% 근처를 오갔다. 이전의 문재인 정부가 비교적 지지율이 떨어진 집권 후반기에도 내내 40%대를 방어한 것과 상반된 수치다. 윤석열 정권 집권 초반의 지지율이 문재인 정부 집권 후반 지지율보다도 훨씬 더 낮았던 것이다.

따라서 지난해 하반기부터는 정권 심판에 대한 여론이 정치권의 주요 화두가 됐다. 설상가상으로 2023년 10월 강서구청장 보궐선거에서 윤석열 대통령이 사면까지 하면서 사실상 내려꽂은 김태우가 참패하고, 11월에는 김건희 디올백 영상이 터져 나오고 해명조차 국민들을 놀리는 듯한 수준에 머무르자 민주당의 총선 승리는 당연한 결과로 여겨졌다.

그런데 올해 들어 이런 정권 심판 대세론에 균열이 가기 시작했다. 그 시작은 한동훈 비상대책위원장의 등장이었다. 사안마다 명쾌하게 입장을 내놓는 듯한 천방지축 스타일의 한동훈은 언론 보도용으로 잘 맞았고, 보수언론들과 경제지들을 중심으로 '한동훈 띄우기' 보도들이 줄을 이으면서 마치 국민의힘이 총선 정국의 주도권을 가져간 듯한 착시를 일으켰다.

문제는 한동훈에 대한 이런 '과대포장'이 총선을 불과 몇 달 앞둔 올해 1~2월에 이루어졌다는 사실이다. 국민들이 정치판을 바라보는 거의 유일한 경로가 언론 보도인 만큼, 이렇게 사실과 동떨어진 보도들이 대량으로 쏟아져 나오면 총선을 앞둔 여당 지지율에 긍정적으로 반영되는 것은 당연한 일이었다.

더욱이 한동훈이 전면에 나서 윤석열을 가리면서 '윤석열 vs 이재명'이어야 할 총선판의 기본 구도가 '한동훈 vs 이재명'으로 변질됐다. 윤석열의 무능함과 실정이 언론 보도에서 사라져 버린 것이다. 이따금씩 윤석열의 잘못된 행태가 보도되어도 본질을 흐리는 데 재주가 있는 한동훈의 말장난이 흩어버렸다. 이 시기의 민주당은 한동훈의 언론플레이를 감당하지 못하고 있었다. 물론 한동훈의 말재간만이 아니라 언론들의 적극적인 협력이 뒷받침되었기에 가능한 일이다.

한편 민주당의 공천 잡음 문제도 정권 심판 대세를 가리는 데 큰 영향을 미친 것이 사실이다. '혁신 공천', '물갈이 공천'을 목표했다고 하더라도 민주당의 이번 공천 과정이 매우 거칠었다는 점은 부인할 수 없다. 탈락 후보들이 제각기 공천 과정에 대해 불만을 제기하면서 결과적으로 언론들이 민주당을 향한 부정적인 보도를 쏟아내기에 좋은 '먹이감'을 공급한 꼴이 됐다. 이렇게 민주당 공천에 대한 부정적 보도들이 무더기로 쏟아지면서 민주당에 대한 실망감이 높아졌고 이는 곧장 여론조사에서의 지지율 하락으로 이어졌다.

이렇게 한동훈의 부풀려진 이미지와 민주당을 향한 과도한 실망감이 거의 동시에 이루어지면서 정권 심판론은 수면 밑으로 가라앉았다. '정권 심판'을 고대하던 야권 민심 상당수는 이런 정국의 흐름에 고개를 돌려버렸고, 착시와 과장으로 조성된 여론이 그대로 고착화될 우려가 점점 커지고 있었다.

민주당에서는 어떻게든 공천이 마무리되기만 하면 정권 심판 여론의 동력이 다시 살아날 거라고 기대를 걸고 있었다. 하지만 이미 민주당과 국민의힘을 향한 언론들의 편향된 프레임이 굳어지고 있어 민주당의 자력으로 그런 프레임을 뚫고 나오기는 매우 어려운 상황이었다.

　　이렇게 악화된 정국을 일거에 뒤흔들어 원점으로 되돌려 버린 것이 조국혁신당이다. 조국혁신당은 창당 선언 직후의 초반 여론조사들에서도 10% 정도의 높은 지지율을 보여 많은 사람들을 놀라게 했다. 그러더니 3월 3일 창당대회 직후에는 지지율이 20%대로 올라섰고, 이후 태풍처럼 지지율을 빨아들이기 시작했다.

　　조국혁신당이 등장한 후로 일어난 총선판의 변화는 단순히 지지율을 그만큼 확보했다는 데 그치지 않는다. 무엇보다 조국혁신당은 '한동훈 바람'을 순식간에 잠재워 버렸다. 조국 대표는 2월 16일 전주 방문 기자 간담회에서부터 한동훈을 정면 겨냥했는데, 이에 화답한 기자들이 한동훈에 관한 질문을 연달아 던지고 조 대표가 선명한 답변들을 내놓으면서 그동안 과대포장되어 있었던 한동훈의 '질소가스'가 구멍 난 풍선처럼 빠지기 시작했다.

　　특히 3월 12일 조 대표가 국회에서 '한동훈 특검법' 추진을 공식화하자 한동훈 자체도 무기력해지기 시작했다. 언론에서 한동훈이라는 이름이 거론되기만 하면 마치 '코끼리는 생각하지 마' 현상처럼 '특검법' 이미지가 따라붙기 시작했고, 사법 처리 가능성이 대두되자 한동훈도 말을 조심하기 시작했으며 언론들은 한동훈의 말을 검증 대상으로 여겼다. 한동훈의 일방적 주장을 곧바로 받아칠 조국 대표의 존재를 의식하게 된 것이다.

　　이렇게 마치 조국 대표가 한동훈을 '전담 마크'하는 듯한 모양새가 만들어지면서 한동훈 뒤로 숨어버렸던 윤석열의 존재가

노출되었다. 곧 이종섭 도피 문제와 황상무 '회칼테러' 막말 등의 문제가 대두되며 윤석열 정권이 제대로 주목받게 됐다. 조국혁신당이 등장하지 않았다면 국민들 다수가 분노만 했을 뿐 그것이 총선판을 흔드는 변수로 이어지지는 못했을 것이다.

더욱이 조국혁신당이 끌어들인 '비조지민' 지지율의 상승은 민주당에 대한 지지율까지 동반 상승시켰다. 또한 투표 의향을 잃어가고 있던 범야권 지지층이 조국혁신당에 표를 던지기 위해 투표장으로 향하는 효과까지 발생했다. 민주당과 조국혁신당 사이에 이보다 좋을 수 없는 최선의 윈-윈 효과가 발생한 것이다.

막판에 보수 대결집이 일어나 최종 투표 결과에서 단기간에 끌어왔던 중도보수 표를 상당부분 잃고, 또 민주당에서 유입된 지지율을 조금 돌려주게 된 점은 아쉽기도 하다. 하지만 이 정도 결과만 해도 지난해까지 누구도 예상하지 못했던 성취다. 불과 창당 한 달여 만에 이룬 성과라고 믿기 어려울 정도다. 조국혁신당이 대한민국 정치사에 전례 없는 대반전의 역사를 이뤄낸 사실에 부인의 여지가 없는 것이다.

22대 국회에서 12석을 확보한 조국혁신당,
원내 제3당으로 약진하다.

시대와 영웅이 맞물려 돌아갈 때 세상은 바뀐다

"기적을 만들어 주신 파란불꽃선대위 여러분 고맙습니다. 지난 한 달 남짓 여정을 성공적으로 끌어온 데 대해 다 함께 축하부터 했으면 좋겠습니다. 앞에서, 뒤에서, 옆에서 끌어주신 동지 여러분께 서로 축하의 박수를 보내면 좋겠습니다. 열두 석을 차지했습니다. 쇄빙선 열두 척이 우리에게 생긴 것입니다. 열 석 플러스알파를 말씀드려 왔는데 목표를 달성한 셈입니다. 아쉬운 마음이야 어떻게 없겠습니까. 그렇지만 우리가 가야 하는 길이 먼 길이니 이만하면 첫걸음은 잘 뗐다고 생각합니다."

선거 다음 날인 4월 11일 당사에서 열린 선대위 해단식. 창당 선언 후 50여 일을 새벽부터 밤까지 달려온 조국 대표의 얼굴은 이즈음 만성피로로 인해 그늘져 있었으나 이때만큼은 밝았다. 조국혁신당 당선인들은 바로 서초동 검찰청사 앞으로 달려갔다. 공약대로 김건희 소환 조사를 촉구했다. 선택적 수사를 중단하고 제대로, 법대로 수사하라는 외침이었다. 조국혁신당의 8대 강령은 정책적 목표를 제시한 뒤 "우리는 행동한다"라는 문장으로 끝난다. 조국을 앞세운 12척의 거북선은 하루도 쉬지 않고 행동하기 시작했다.

'어디까지 갈 수 있을까? 무엇을 거둘 수 있을까?' 이런 류의 좌고우면은 적어도 조국의 머리와 가슴에는 없다. 그는 약속대로 직진한다. 법학을 전공한 학자라는 게 잘 믿기지 않는다. 검찰과 전쟁을 치러온 지난 5년, 본인은 물론 가족까지 '도륙'을 당하면서 그는 어느새 자타 공인의 '투사'가 되어버렸다. 세상을 살아가면서 종종 깨닫게 되는 사실 중 하나가 '사람은 바뀌지 않는다'는 것이다. 그런데 조국은 바뀌었다. 그는 학자에서 투사로, 정치인으로 확실히 바뀌었다. 누구도 부인할 수 없는 변화다.

민주화로 인한 권력기관의 퇴조, 경찰·국정원·국세청이 본연의 자리로 돌아가는 중에 유독 검찰만 그대로였다. 오히려 더 비대해졌다. 박종철 군 고문치사 사건 때만 해도 국정원이 기획하고 경찰이 수행하는 공작에서 법 절차를 처리하는 하수인을 담당했던 검찰은 민주화 이후 더 강력해졌다. 그 검찰이 법학자 출신 법무부 장관에게 칼끝을 들이밀 때 우리는 경악했고, 이건 아니라고 판단했다. 서초동을 메운 30만 촛불은 조국 탄생 설화의 전조라고 할 수 있다.

검찰이 정치를 하고, 급기야 윤석열이라는 상징을 통해 통치로까지 확장해 나갈 때 대부분의 사람은 억울하지만 주저앉았다. 한 개인이 다투기에 검찰은 너무나 강력한 조직이고, 그들은 조국 수사나 손준성 고발사주 사건에서 보듯 왜곡하고 흘리고 축소하고 확대하는 일에 달인이다. 조국은 눈물도 흘렸지만 포기하지 않았다. 매 라운드 다운을 당하면서도 흰 수건을 던지지 않는 록키였다. 쓰러지지 않는 오뚝이였고 글래디에이터였다.

개인과 가족의 진실, 권리를 찾아가던 그가 어느 날 우리 사회 전반의 검찰 통치를 종식시키자고 했을 때 개인의 수난 서사는 공적 영역으로 확장되었다. 윤석열 검찰 통치에 맞서자는 그의 말에 함께하다 보니 우리는 어느새 파란 불꽃이 되어 있었다. 그가 든 횃불을 중심으로 점점 더 많은 사람이 모여들면서 우리의 두려움은 서서히 사라졌다. 김대중과 노무현이 말한 민주시민이 되어 있었다.

그리스 트로이 전쟁에 종군한 오디세이는 20년에 걸쳐 고향으로 돌아온다. 그와 조국혁신당이 가야 하는 길, '이만하면 첫걸음은 잘 뗀 것 같다'고 할 때 나는 오디세이가 떠올랐다. 조국혁신당은 이제 백일도 지나지 않은 신생 정당이다. 조국의 앞에는 더 많은 고난과 더 많은 핍박과 더 많은 곡절이 기다리고 있다. 그런 줄 알면서도 조국은 오디세이처럼 귀향길 어딘가의 안락한 섬에 눌러앉지 않을 사람이다. 우리는 그의 진심과 결기를 믿는다.

조국은 나에게 오래된 책 한 권을 떠오르게 한다. 영국 작가 토마스 칼라일의 《영웅숭배론》이다. 왕과 부자의 역사책 대신 백성과 시민이 중심이 되는 민중사관을 받아들이면서 나는 영웅을 잊고 살았다. 시대가 영웅을 만든다는 것까지는 인정했지만 영웅이 시대를 만든다고는 생각하지 않았다. 조국을 보면서 생각이 좀 달라졌다. 시대와 영웅이 맞물려 돌아갈 때 세상은 바뀐다. 그리고 여기서 영웅은 조국 한 명이 아니다. 우리가 영웅이다. 그는 15만 당원과 678만 명이 넘는 지지자가 있기에 조국이다.

길은 멀다. 2월과 3월, 4월은 시작의 시작에 시동이 걸린 것이라고 할 수 있다. 선거 승리 이후 우리는 시작을 시작했다. 조국혁신당의 총선 승리는 민주주의의 복구를 위한 교두보 마련의 의미다. 조국은 무심히 지나가는 운명이라는 행인의 외투 자락을 잡고 늘어져 정당을 결성하고, 12인의 헌법기관을 탄생시켰다. 갈 길은 멀어 보인다. 조국은 매일 록키여야 하고 오뚝이여야 한다. 우리도 그러할까.

'윤석열의 강'을 건널 뗏목은 만들었지만 수구적 사고와 기득권에 절은 여러 세력과 집단, 개인들이 피 냄새를 맡은 상어 떼처럼 주변을 맴돌고 있다. 대법원 판결도 있다. 원내에서의 과제도 많다. 현실 정치에 들어온 이상 그가 꿈꿔온 사회권 선진국의 이상을 실현하기 위한 정책의 조율과 개발, 현실 속 정치세력들과의 협의와 타결이 기다리고 있다. 총선에서의 1승이 벌써 아득하게 느껴진다. 1년 후 우리는 총선 승리에 기뻐하던 오늘을 떠올리며 '그때는 참 좋았다'고 그리워할지 모른다. 하지만 조국은 목표를 달성하고 오디세이처럼 귀환할 것이다. 그가 뛰어나서가 아니라 우리가 함께하기에.

글을 마치려고 하는 아침, 그가 페이스북에 글을 올렸다.

"'Do or do not, there is no try.' 대다수가 말리던 창당을 결심할 당시 나의 마음이기도 했다. 마키아벨리의 표현을 빌리자면 '포르투나(fortuna)'를 꺾기 위해서는 자신의 '비르투(virtu)'를 극대화하여 몸을 던져야 한다."

2024년 4월
박지훈

4월 10일 저녁 총선 개표 결과를 함께 지켜보며 박수 치는
조국 대표와 조국혁신당 관계자들
© 조국혁신당